ふしぎの河

―二河白道の譬喩―

西川正澄
Nishikawa Masazumi

方丈堂出版
Octave

序文

鍵主良敬

真宗の学びに出遇って、自分の人生を見直す機会を与えられることがある。そのことを身をもって証明した親鸞聖人の存在感は、「ただびとにておわさず」の一言で尽くされるであろうか。

宗祖が我々に残して下さった重要な課題の中でも『教行信証』「信巻」で述べられる善導大師の二種深信の問題は特に注意が必要である。第十八願を根本とする四十八願によって、我々を必ず助けるという「法」は、まさに疑いない事実だといわれているからである。しかし同時に、その法則に出遇っていながら「曠劫より已来」のいわゆる「流転」を尽くさなければ、この世に人間として生まれることはできなかった。それが私であるとの理由もあって「出離の縁あることなし」というまったくお手上げの状態に陥ってしまう。そのような身としての自らの事実を「機」の深信として認めるということは、まことに難しい。

その謎を解くための有力な譬喩として示されているのが、火の河と水の河との中間に横たわる白道との対決である。これまでに活字化されたこの譬喩についての解説は枚挙にいとまがないであろうが、中には陳腐極まりないものもないとはいえない。

その中でこの『ふしぎの河』は、本当に不思議というしかないほどの発想に裏づけられている。私がいいたいのは、『歎異抄』第十六章の「日ごろのこころにては、往生かなうべからず」の示すところである。我々の当り前の判断力の欠陥を見事についているのである。

その意味で「要を得て簡」というべきか。この物語のいわんとしている要点は、まさしく著者によって強調されている。親鸞聖人も善導大師も、そこのところこそいいたかったのであろう。ただしその視点は常識的ではない。そこで語られている意味の掘り下げ方が素晴らしいのである。

一例をあげれば、本書六二頁には「根本となるのは我痴、すなわち無明」とあり、それに関連して同七四頁では、「私」を中心に考え、自分は「正しくて間違いがないと決めている」が、「その自分の姿が見えない」と述べている。他人のいやらしさはよく見える。けれども、それに数倍する己れのいやらしさはまったく見えていないといいたいのである。

いずれにしても、長年の着実な学びの継続によって、驚くべき成果をあげられた。これほどの内容の濃い書物はめったにあるものではない。心からの喜びを込めて、著者の労を多としたい。（真宗大谷派講師・大谷大学名誉教授・北海道教区聖光寺前住職）

ふしぎの河——二河白道の譬喩＊目次

序　文（鍵主良敬）　i
はじめに　3
一、善導大師　5
二、『観無量寿経』　11
三、「二河譬」と親鸞　17
四、生死を離れる道　23
五、わが身の事実を問う歩み　29
六、仏によってこの世が開かれる　35
七、水火二河と白道　41
八、波浪と火焔が人生を問う　47
九、孤独という我執のすがた　53
一〇、求道心を奪いにくる群賊悪獣　59
一一、五悪の現実に向き合う　65
一二、世間を超えることは容易でない　71
一三、本願により境界が知らされる　77

一四、罪福信という保身の世界　83
一五、天上界のもつ限界　89
一六、賢善精進という精神力の限界　95
一七、殃病という出口のない苦悩　101
一八、分別心に立つ自分意識の臨終　107
一九、生き方の方向転換　113
二〇、弥陀の本願との出遇い　119
二一、釈迦如来の声　125
二二、自己自身を信知する　131
二三、根源関係を開く大悲心　137
二四、本願の内なる自己に遇う　143
二五、如来の呼びかけに生きる　149
二六、仏心の光に護られる　155
二七、疑いや怯えに惑わされない　161
二八、引きずっている自力の思い　167

二九、「仏の行」への疑い　173
三〇、傷みの心で自力を離れる　179
三一、涅槃からの道を歩む　185
三二、自身に目覚め、諸難を離れる　191
三三、人生のよき友にめぐり遇う　197
三四、存在の尊厳をひらく喩え　203
二河白道の譬喩　本文　209
あとがき　216

●挿絵／西川正澄

ふしぎの河

——二河白道の譬喩

はじめに

煩い多きこの現実を、自分自身に納得し、深い愛情で支えられ、自信をもって生きようとしながらも、すべてがイヤになったり、途方に暮れてしまうような私たちのために、中国の唐の時代の善導《ぜんどう》（真宗七祖の第五祖）というお坊さんが、道は開かれていることを明らかにしてくださったのが、この二河白道《にがびゃくどう》の譬《たと》えです。

私たちは、誰にも代わってもらえないという厳粛な身の事実を生きています。わが身としているこの身は、私たちの「思い」では量《はか》ることのできないくらい深く、暗く、広いのです。この身のところに生・老・病・死があります。身が生まれ、身が死するのです。そして、繰り返し食べることで生命をつないでいるのが、この身です。

この身を、私たちは、好き嫌いの感情の入った分別《ふんべつ》の計らいによってわかったことにして、「自分」として立てているのです。しかし、この身がどのようなことに出会っていくかは、私たちは、出会ってみなければわからないのです。出会ってみて初めて驚き、慌てるのです。「わが身」に起こった出来事にもかかわらず、自分に納得ができず、受け入れられないのが私たちの自分です。私たちには、自分と決めていながら、「わが身」一つがどうにもならないということなのです。

仏教は、もともと「生老病死」という身のもつ苦悩から離れることを目標にしたものです。しかし、出家し、菩提心を発し、智慧を磨いて「聖者」となり、釈尊の如くさとりを開くことを方式としたために、戒律が守れず、修行ができず、学問のできない人びとを切り捨ててしまったのです。そして、膨大な教理の観念体系を背景にして、食べ続けることに苦労する人びとの「念仏」を貶《おとし》めるような批判がなされたのです。

そこで善導は、釈尊が『無量寿経』でお説きになった「弥陀《みだ》の本願《ほんがん》」をもって『観無量寿経《かんむりょうじゅきょう》』というお経を解釈され、釈尊から遠く離れた末法濁世《まっぽうじょくせ》の人間に、弥陀の誓願不思議の目覚めをもって、私たちの一番の関心事である「わが身」に深く納得がいく道を明らかにされたのです。

私たちが本来の自己自身に出遇うということは、如来の誓願不思議《せいがんふしぎ》によるのです。その仏法《ぶっぽう》の不思議が、水火の二河とその中間の白道で表されているのです。この二河白道の譬えは、世間に沈み身動きのままならない私たちに、「自己」を取り戻し、「生き返り」を得る道として明らかにされたものです。

一、善導大師

大心海《だいしんかい》より化《け》してこそ
善導和尚《ぜんどうかしょう》とおわしけれ
末代濁世《まつだいじょくせ》のためにとて
十方諸仏《じっぽうしょぶつ》に証をこう

（『高僧和讃』真宗聖典四九五頁）

訳文
善導和尚は、弥陀の大心海《だいしんかい》より化身《けしん》としてこの世に出られた方です。末代濁世《まつだいじょくせ》の人びとのために、『観経』の疏《しょ》を作るにあたり、十方の諸仏の証明を請われています。

7　一、善導大師

善導《ぜんどう》（光明寺和尚《かしょう》）は、隋の煬帝《ようだい》の大業九年（六一三）、山東省臨淄《りんし》県に生まれられました。善導は初め、『法華経』『維摩経』を学んでおられたのですが、後、『観無量寿経《かんむりょうじゅきょう》』に出遇い、聖道門《しょうどうもん》の人びとの『観経』の研究と実践の道場になっていた終南の悟真寺に入られました。そこで『観経』の定善《じょうぜん》の教えにしたがい、浄土の観想《かんそう》をこらしてつぶさに浄土の荘《しょう》厳《ごん》をみることに専念《せんねん》されたのです。ところが善導は、自らが到達した観想の心境《しんきょう》に満足することができず、はるか遠く、かつて曇鸞《どんらん》大師のおられた玄中寺《げんちゅうじ》において、道綽《どうしゃく》という方が浄土教を広められていることを聞き、求道の旅に出られたのです。

多くの困難を越えて道綽に遇われた善導は、『大無量寿経《だいむりょうじゅきょう》』を授《さず》けられて、初めて求道の方向を知らされることになったのです。ここに、善導によって、仏道の歴史が大きく転換されることとなるのです。時に道綽は八十歳、善導は二十九歳でした。

やがて、長安に帰り、『観経疏《かんぎょうしょ》』を著《あらわ》して古今《ここん》の『観経』解釈の誤りを正し、真の念仏の教えを樹立されるのです。それによって、一時途絶《とだ》えていた念仏の声が、再び長安の街に満ちるようになったと伝えられています。善導は『阿弥陀経』を書写すること十万巻、浄土の変相《へんそう》を描くこと三百幅《ふく》に及び、それらによって、人びとを念仏の教えに導いたと伝えられています。唐の高宗永隆二年（六八一）、六十九歳で世を去られました。

著書については、五部九巻のうち、『観経疏』一部四巻は教義《きょうぎ》を説き、『観念法門《かんねんぼうもん》』・

『往生礼讃《おうじょうらいさん》』・『法事讃《ほうじさん》』二巻・『般舟讃《はんじゅさん》』の四部五巻は行儀《ぎょうぎ》に関して説かれています。

善導の時代は、中国仏教史の上では黄金時代と言われるほど多くの偉大な仏教者を生み出しています。浄影寺慧遠《えおん》（五二三—五九二）をはじめ、天台大師智顗《ちぎ》（五三八—五九七）、三論宗の嘉祥寺吉蔵《きちぞう》（五四九—六二三）、華厳宗の賢首大師法蔵《ほうぞう》（六四三—七一二）、禅宗の第六祖慧能《えのう》（六三八—七一三）などが、善導大師（六一三—六八一）と相前後して世に出られています。同時代では、経典翻訳に大きな業績を残された玄奘《げんじょう》三蔵（六〇〇—六六四）と、善導の師である道綽《どうしゃく》禅師（五六二—六四五）がおられます。

善導の果たされた仏教史上での功績は、『観経』に対する古来の解釈を楷定《ただ》して仏教の真の意義を明らかにされたことで、「古今楷定《ここんかいじょう》」と言われています。その古今楷定とは、道綽の末法史観《まっぽうしかん》に基づく聖道・浄土の二門の判釈《はんしゃく》をうけて、「行《ぎょう》」の意味と人間存在に関する事柄を、釈尊の出世の本意に基づいて明らかにされたことです。そのきっかけになったのが、「別時意趣《べつじいしゅ》」の論難です。

当時中国では、北周武帝の廃仏《はいぶつ》以後、隋代から唐代初期にかけて、各地で『観無量寿経』の注釈が盛んに行われたようです。中でも『観経』を考えていく上において大きな指南《しなん》の意味をもったのが、慧遠の『観経』の注釈書であったようです。しかし、その書は聖道門の立場での『観経』の解釈書でした。そこに「別時意趣」の説が取り入れられており、善導はそれに反論されているのです。

「別時意」の論難というのは、聖道の諸師《しょし》が『摂《しょう》大乗論』の「別時意趣」の意味を取り違え、『観経』の下品下生《げぼんげしょう》の教説にその『論』の説をあてはめて、「念仏は遠い将来の救いである」と言ったことにあります。『観経』の下品下生には、臨終《りんじゅう》の悪人が善知識《ぜんちしき》の勧《すす》めによって、南無阿弥陀仏を称《しょう》して救われたとあります。この下品下生の衆生とは、自分勝手に生き、悪のみを為してきた者です。その者が善知識の教えを聞いて南無阿弥陀仏と十声称《とな》えることによって、仏のさとりの世界に入っていったと説かれているのです。ところが、それを、念仏と救いとの間には時間的な隔《へだ》たりがあるとして、「別時」を主張したのが聖道門の学僧たちなのです。当時の仏教は教理を主とするもので、聖道の諸師《しょし》は、念仏には行としての力がほとんどないから「一金銭を積んで千金銭と成すには多くの日数がかかる」ように、念仏による救いは遠い将来のことであるとしていたのです。

これに対して善導は、念仏は凡夫《ぼんぶ》(普通の人)が称えるとしても凡夫の「行《ぎょう》」ではなく、念仏という如来の本願の「行《ぎょう》(はたらき)」であると言われます。本願の行は浄土往生の行であって、世間的な希望とか期待を実現するために行う行ではないのです。このことを善導は、浄土教学の根幹をなす「六字釈《ろくじしゃく》」として明らかにされるのです。これにより、従来の教理を主体とする仏教は大きく転換されることになるのです。

二、『観無量寿経』

浄邦《じょうほう》縁熟《えんじゅく》して、
調達《じょうだつ》、闍世《じゃせ》をして逆害を興ぜしむ。
浄業機彰《じょうごうきあらわ》れて、
釈迦《しゃか》、韋提《いだい》をして安養《あんにょう》を選ばしめたまえり。
（『教行信証』総序　真宗聖典一四九頁）

訳文

提婆達多が阿闍世太子に逆害を起こさせるという悲劇的な出来事によって、阿弥陀仏の浄土が人びとの存在の国土として開かれる縁が熟すことになったのです。釈迦如来は、念仏による真の自己の目覚めをもって、韋提希夫人を安養浄土の救いに導かれたのです。

13　二、『観無量寿経』

『観無量寿経《かんむりょうじゅきょう》』は浄土三部経（『無量寿経《むりょうじゅきょう》』、『観無量寿経』、『阿弥陀経《あみだきょう》』）の一部で、全一巻が宋代に畺良耶舎《きょうりょうやしゃ》によって訳されています。阿闍世《あじゃせ》の悪逆を悲しんだ母の韋提希《いだいけ》のために、釈迦が、阿弥陀仏とその浄土の荘厳《しょうごん》などを観想する方法を教説された経典です。

韋提希を悲しませた王宮の事件とは、王舎城《おうしゃじょう》の太子である阿闍世が、釈迦に代わって教団の指導者になろうとする提婆達多《だいばだった》のそそのかしによって、父である頻婆沙羅王《びんばしゃらおう》を王宮の牢獄に幽閉したことに始まるのです。王妃韋提希はひそかに食を王のもとへ運び、王はそれによってかろうじて餓死することをまぬがれていました。獄中の王は釈尊に請うて、目犍連《もっけんれん》から八戒《はっかい》を受け、また富楼那《ふるな》の説法を聞いて心の平安を保っていました。ところが、そのことを守門《しゅもん》の者から聞いた阿闍世は激怒して、母である韋提希をも殺そうとするのです。幸いに大臣である月光《がっこう》と耆婆《ぎば》に諫《いさ》められて殺すことは思いとどまったのですが、母もまた王宮の七重の牢獄に閉じ込められることになるのです。

頻婆沙羅王を死に至らしめたこの王舎城の悲劇には、阿闍世の出生《しゅっしょう》にまつわる物語があるのです。跡継《あとつ》ぎのないことに悩んでいた頻婆沙羅王は、予言者のことばを信じ、太子として生まれかわってくるとされた仙人を、その死が待ちきれずに殺してしまったのです。ほどなく韋提希の懐妊《かいにん》ということに喜びますが、「仙人殺害によって生まれた太子は、必ず王に害を及ぼすであろう」という予言者のことばを恐れた王は、韋提希に命じて、阿闍世を高殿《たかどの》から産み落として殺そうとさせるのです。そのことを阿闍世の手の指が折れていることを証拠にして、提婆達多は阿闍世をそそのかして逆害を起こさせたのです。

幽閉《ゆうへい》された韋提希の悲痛な心を知るところとなった釈尊は、目連と阿難を伴って王宮の牢獄にお出ましになりました。韋提希は釈尊に向かって、「私は、むかし何の罪があって、この悪子を生むことになったのでしょうか」、「世尊は、また何の因縁があって提婆達多と従兄弟《いとこ》の間柄なのでしょうか」と愚痴《ぐち》の限りをつくし、やがて心が落ち着き、「私のために広く憂いや悩みのない場処を説いてください」、「私に清浄の世界を観ずる方法を教えてください」と自らへの問いに変わっていきます。そして、釈尊の無言《むごん》の導きもあって、阿弥陀仏の浄土に往生することを求めるようになるのです。

この韋提希の求めに対して釈尊は、
汝《なんじ》いま知れりやいなや、阿弥陀仏、此《ここ》を去《さ》りたまうこと遠からず。

（『観無量寿経』真宗聖典九四頁）

と告げられ、浄業《じょうごう》を観ずることを通して西方極楽世界に生まれることを説かれるのです。

韋提希の要請にこたえて十六の観法が説かれる内、その前十三観を「定善《じょうぜん》」と言い、後三観を「散善《さんぜん》」と言います。定善とは「慮《おもんぱか》りをやめて心を凝《こ》らす」ことで、無量寿仏とその浄土を観ずることです。この観法には、日想観《にっそうかん》から水想観《すいそうかん》、地想観《ちそうかん》、宝樹観《ほうじゅかん》、宝池観《ほうちかん》、宝楼《ほうろう》観、華座《けざ》観、像《ぞう》観、真身《しんしん》観、観音《かんのん》観、勢至《せいし》観、普《ふ》観、雑想《ざっそう》観があり、順次に説き進められています。しかし、定善だけではすべての人間を摂《せつ》することができないことから、散善が説かれることになります。散善は「散乱《さんらん》する心のままで悪を廃《はい》し善を修《しゅ》する」こととされています。この散善三観には九品《くぼん》の往生人の相が説かれ、上品上生《じょうぼんじょうしょう》から下品下生へとその素質に応じて、それぞれの救済《きゅうさい》の様相が説かれています。下品下生の者は「遇悪《ぐうあく》の凡夫」と言われ、一生のあいだ何一つの善も行うことなく悪のみを重ねてきた者が、臨終の時に善知識《ぜんちしき》の勧めによって、念仏を称えることで救われると説かれています。

当時の中国では『観経』が浄土教の人びとだけでなく、仏教界全体、また民族性に合うこともあって広く人びとに読まれ、すぐれた仏教者によって競って『観経』の注釈がなされたようです。しかし、それらの聖道の諸師に対して善導は、

上来《じょうらい》、定散《じょうさん》両門の益《やく》を説くと雖《いえど》も、仏の本願に望むれば、意、衆生をして一向《いっこう》に専ら弥陀仏名を称《しょう》せしむるにあり。（「散善義」真聖全一・五五八頁）

と言い、観法として説かれる定散二善は表向《おもてむ》きであって、「念仏」を勧めることにこの経の真意があるとされたのです。

『観経』は、韋提希の問いに応えつつ、その問いの奥にある深い願いに光を当て、「遇悪の凡夫」が本願念仏の教えで救われることを、釈尊自らが明らかにされた経なのです。

三、「二河譬」と親鸞

凡夫《ぼんぶ》というは、無明煩悩《むみょうぼんのう》われらがみにみちみちて、欲《よく》もおおく、いかり、はらだち、そねみ、ねたむこころおおく、ひまなくして臨終《りんじゅう》の一念にいたるまで、とどまらず、きえず、たえずと、水火二河《しいかにが》のたとえにあらわれたり。
(『一念多念文意』真宗聖典五四五頁)

訳文

私たち凡夫というのは、何事においても自分に執着し、自分を立てることに汲々《きゅうきゅう》としています。したがって、欲の心は多く、怒り、腹立ちや嫉《そね》み、妬《ねた》みの心も多く、ひと時の休みもありません。休む暇《ひま》がないばかりか、その心は、命終わる時まで止《とど》まらず、消えず、絶えずと、善導大師は水火二河の譬えで明らかにされています。

善導大師と親鸞聖人の関係は、法然上人が「ひとえに善導一師による」とされた上人の導きによるものです。親鸞は、善導が弥陀の本願の仏教を濁世《じょくせ》の凡夫に応じて明らかにされた功績を、「善導、独り仏の正意に明らかなり。深く本願に藉《よ》って真宗を興《こう》ず」（真宗聖典四一三頁）と讃《たた》えられています。

善導の教えについて親鸞は、『入出二門偈《にゅうしゅつにもんげ》』によって次のように讃えておられます。

善導禅師《ぜんどうぜんじ》　光明寺
善導が『観無量寿経』の解釈を通して明らかにされている本願の教えは、南無阿弥陀仏によって、凡夫が仏道を成ずる身になるということです。これは如来の真実を宗《むね》とする教えです。

如来の真実によって開かれる平等一味《びょうどういちみ》の世界が「一乗海《いちじょうかい》」と言われ、「菩提蔵《ぼだいぞう》」と名づけられています。

清浄《しょうじょう》にして平等一味の世界を開く本願の教えは、どのような在り方をする者にも、円《えん》（まどか）であり、頓《とん》（すみやか）ということを成就《じょうじゅ》する教えです。

如来の真実に遇うということは、私たちの理知分別の立場を延長しても決してあり得ないことです。だからこそ、仏によってあり得ないということを知らされ、分別の立場が翻《ひるがえ》るかたちで出遇うのです。それゆえ、真宗に遇うことは「難《なん》の中の難《なん》」と言われるのです。

釈迦諸仏《しゃかしょぶつ》は智慧《ちえ》と慈悲《じひ》をもって見守ってくださる父母《ぶも》のようです。あらゆる手だてをもって、私たちに真実の信心を呼び起こしてくださるのです。

貪欲《とんよく》・瞋恚《しんに》・愚痴《ぐち》（無明《むみょう》）の煩悩に翻弄《ほんろう》されているのが私たちです。このような者であっても、仏の本願力によって人間であることが護られていくのです。

本願に乗ずる信心の人は、もはや煩悩の凡夫ではなく、仏の功徳《くどく》を身に受けた人であって、泥沼《どろぬま》に生ずる清浄《しょうじょう》無垢《むく》な白蓮華《びゃくれんげ》に喩えられています。

真実信心は、煩悩の身に生まれた浄土に相応《ふさわ》しい身であるので、最勝希有《さいしょうけう》の人とか妙《みょう》好《こう》上上の人と讃えられています。

安楽浄土に相応《ふさわ》しい身が生まれることは、身の出処《でどころ》が仏と同じであるので、この身に、自然《じねん》に、法性《ほっしょう》の常楽《じょうらく》が証されることであると言われます。

（『入出二門偈』真宗聖典四六六頁　取意）

と、善導の教えの功徳を称讃されています。

「二河白道の譬喩」についての親鸞の受け止めは、

善導大師証《しょう》をこい
定散二心をひるがえし

貪瞋《とんじん》二河の譬喩《ひゆ》をとき
弘願《ぐがん》の信心守護《しゅご》せしむ
（『高僧和讃』善導章　真宗聖典四九五頁）

と言われ、「証《しょう》を請《こ》う」ということで、『観経疏』の造疏《ぞうしょ》、とくにそれが凝縮《ぎょうしゅく》されたこの二河白道の譬喩は、善導個人の見解ではなく、三世十方の諸仏の証誠《しょうじょう》（証明）を背景とするものと了解されています。過去・現在・未来の三世、十方の諸仏の証誠を請うておられる姿に、学者としてではなく、一切の群生海《ぐんじょうかい》を内に摂《せつ》する求道者としての善導を見ておられるということです。

「定散二心」とは、『観経』は表向きには定善《じょうぜん》・散善《さんぜん》が説かれていますが、その隠されている本意としては、定散二心という「わが心」に立場を置くあり方が、弥陀の本願真実によって、その立場が変わるということです。如来の信心によって定散自力の立場が変わることを「ひるがえし」と言い、そこに生ずる「如来である信心」によって「人間が守護される」ことを、貪瞋二河の譬喩によって示されている、と讃えておられるのです。

この二河譬の背景には、善導が、『大経』に説かれる「経道滅尽《きょうどうめつじん》」という人間崩壊《ほうかい》の危機感を、道綽《どうしゃく》より継承《けいしょう》されているということがあるのです。その善導の仏教史《し》観《かん》によって、教理《きょうり》を中心とする従来の仏教の歴史が大きく転換されたことを、親鸞は称讃されておられるのです。

四、生死を離れる道

（一）　また一切往生人等《おうじょうにんとう》に白《もう》さく、
今更《さら》に行者のために、
一つの譬喩《ひゆ》を説きて信心を守護して、
もって外邪異見《げじゃいけん》の難を防《ふせ》がん。
何者かこれや。

訳文

浄土を願ってこの世をより深く生きようとするすべての人びとに申し上げる。
いま改めて、念仏して仏の道を歩もうとする人のために、一つの譬えを説いて、信心を守護して、念仏往生の道を謗《そし》ったり、非難したりする邪《よこし》まな見解による疑《ぎ》難《なん》を防ぎたい。その譬えというのは次の通りである。

25　四、生死を離れる道

韋提希夫人《いだいけ》に往生人《おうじょうにん》の姿を見られた善導は、「また一切往生人等に白《もう》さく」と言い、過去・未来・現在の往生人の浄土往生の歩みに敬白《けいはく》して譬喩が説かれています。「一切」とは三世十方のことで、これまでに浄土往生に自己自身を見出していかれた人びとや、現在、浄土往生の道を歩んでおられる人びと、さらに、やがて時がくれば、浄土往生の道を歩まれるであろう未来の往生人を念じて、「一切往生人等」と敬白されています。

大乗の至極《しごく》と言われる浄土教は、阿弥陀仏の名号《みょうごう》をもって、すべての人びとに、阿弥陀仏の浄土（真実清浄《しょうじょう》の仏国土）を開くことを宗《むね》とするものです。その存在の大地となる根源《こんげん》世界を見失っていることに気づいたときが、往生人としての歩みの始まりになるということです。

私たちは誰しも自分自身に納得し、この現実を悔いのない生き方で生きていきたいと思っています。不本意な、みじめな人生であってほしくないのです。しかし、どうなることが不本意でないと言えるのか、がはっきりしないのです。仏教ではその生きる方向を「生《しょう》死《じ》を離《はな》れる」と示してきたのです。私たちは身をもって生きています。したがって、間違いなく起こることは、命終わり死ぬ時がくるということです。ですから、病気になれば死の不安が出てくるし、老い先が短くなれば否応なしに死と向き合うことになります。また、直接的に死が問題にならなくても、出来事は身の事実のところで起こりますから、生活の場で「どうしてみようもない」とか、「もう厭《いや》になった」というのは、私たちの未来が塞《ふさ》がり、見えない壁にぶつかっていることを表しています。この正体不明の壁を超え出る道を、「生死を離れる」と言われたのです。

この「生死を離れる」ということには二つの道があり、聖道門《しょうどうもん》と言われるのは、「出家し、智慧を極め、煩悩を鎮《しず》めて、釈迦牟尼仏の如きさとりを得る」ことで生死を離れると教えたのです。もう一つは浄土門《じょうどもん》と言われ、この生死を離れる道は、私たちの身《み》の事実のところに開かれていると教えているのです。

私たちは、愛憎渦巻く中で、次々と起こってくる問題を煩い悩みながら片づけているわけですが、自分の人生が「どうしてみようもない」ということで過ぎることは望んでいないのです。ですから、日常の生活の場で、せめて人並み以上にということで悪戦苦闘が続くのですが、そこには、全身を挙げてもっと深く生きることを願っているということがあるのです。そのことが「生死を離れる」ことであると言われるのです。ところが、正体不明の壁があって、悪戦苦闘の割りには、なかなか自分にも人生にも納得がいかないのです。

この「生死を離れる」ことを「往生《おうじょう》」ということで教えたのが「浄土」の意義であり、「念仏」という仏陀の法によって、私たちの世界と人生のすがたを徹底して示すことで、私たちを生死の世界から出させることを教えているのです。生死を出るという意味は、現実から逃避することではなく、自分自身に立ち返って、浄土によってこの世を生き抜くということです。往生の道は、私たちの足下に始まっているということです。

ところが、私たちの願いには、名利《みょうり》（名誉と利益）と愛欲《あいよく》（肉親、異性に強く執着すること）のこころがついてまわっています。自分の都合が満足することを求め続けている者が、浄土の往生を願うということは、元々《もともと》あり得ないことなのです。ですから、教えられて初めて浄土の往生を願うということになるのです。そこに仏陀の教化《きょうけ》ということの大きな意味があるということです。

仏陀とは、私たちを教化し、さとらしめるという意味です。その仏陀の法によって、私たちが執着《しゅうじゃく》で固めている「自分」という在り方が知らされ、仏道に向かうということになるのです。如来の真実によって、初めて私たちの執着の心が開かれるということです。

しかし、この浄土の往生を願う歩みは、仏教でも立場の違う人びとからの批判や非難があり、また一方、自分自身の在りようも同じく問われることになるので、決して易しい道ではありません。「信心守護」と言われているのは、釈迦・弥陀二尊の発遣《はっけん》（行けとの勧め）と招喚《しょうかん》（来れとの招き）に順ずるところの「自己」が誕生するという意味です。現実に起こってくる問題を、自分自身を掘り下げる問題として受け止め、より深く、より広く、より豊かにこの現実を生きていくことが勧められているのです。

五、わが身の事実を問う歩み

（二）　譬《たと》えば、人ありて
西に向かいて行《ゆ》かんと欲《ほっ》するに
百千の里《り》ならん、

訳文
譬えば、ここにひとりの人が有って、「西」という根源への歩みをもてば、「百千の里」という人間存在の深みが開かれることになる。

「人ありて」とは、仏の教えに教えられて、わが身の事実を問う人になったという意味です。自分自身を掘り下げる歩みに僅《わず》かであっても立ち上がることが、「西に向かいて行かんと欲する」ということです。現実の生活において執着の心と癒されぬ心を抱え、沈みがちになって悩んでいるところに「生死を離れる」歩みがあるということです。

その自己への問いが起こるとき、身の事実としての人間業《にんげんごう》の深さが、「百千の里」の重さをもって現前《げんぜん》してくるのです。「百千の里」とは、無始以来失っていた自己自身を取り戻すという、「歩み」の大事さが示されています。その世界は、『無量寿経』には阿弥陀仏の浄土は「此を去ること十万億の刹なり」（真宗聖典二八頁）とあるように、課題を背負った諸仏《しょぶつ》（多くの仏）が、衆生のために阿弥陀仏を称讃している世界でもあるのです。

私たちは身の事実を生きています。そして、私というものが固定的にあると思っています。しかし、仏教では「私」というものがあるのではなくて「法」があるのです。その法の上に、私（何処の誰それ）という個人名が立てられているのです。

現実に現れ出た身は、父母から生まれたところの身ですから、父母《ぶも》所生身《しょしょうしん》と言われます。この父母所生身は形ある身ということですから、命に限りがあり、また身体のすべてに限界があるということです。形ある身ですから、「老いる」ということがあり、「病む」ということがあり、「死ぬ」ということがあるのです。父母から生まれた身は諸行無常《しょぎょうむじょう》（世の中のあらゆるものは変化し、生滅する）であり、老病死ということを免れることはないのです。「老病死は嫌《いや》です」と拒んでみても、限りある身にとってはどうしようもないことです。私たちにとっては限りがあるということが苦悩のもとなのです。そのどうしてみようもないということを表すのが、「生死《しょうじ》」ということばです。

その限りのある身に存在の意味を開くために善導は、
この五濁《ごじょく》・五苦・八苦等は、六道《ろくどう》に通じて受けて、未だなき者はあらず、つねにこれに逼悩《ひつのう》す。もしこの苦を受けざる者は、すなわち凡数《ぼんじゅ》の摂《しょう》にあらざるなり。

（「序分義」定善示観縁　真聖全一・四九六頁）

と言われます。

「五濁」の濁とは、私たち人間存在の曖昧性《あいまいせい》を表すものです。はっきり見えないのが自分自身であるということに気づかせるために、「劫濁《こうじょく》・見濁《けんじょく》・煩悩濁《ぼんのうじょく》・衆生濁《しゅじょうじょく》・命濁《みょうじょく》」の五濁が説かれているのです。「劫濁」については、時代が濁ると諸悪が次々と加わり、人間性が壊される方向に転げ落ちていくということです。「見濁」は、自分の過ちは間違っていないと押し通し、自分の考えを絶対化することです。「煩悩濁」は、人びとがみな悪性《あくしょう》のままに親しみ難くなることです。人間不信のために、いよいよ貪欲《とんよく》・瞋恚《しんに》の煩悩を起こして自分を防御《ぼうぎょ》し、自分を主張しようとします。「衆生濁」は、人間が純粋さ、善良さを失い、人間性を失っていくことです。「命濁」は、他を害することに何の痛みも持たないということです。いのちに背いた在り方をしているということです。

「八苦《はっく》」とは、生老病死の四苦のうえに、さらに愛別離苦《あいべつりく》・怨憎会苦《おんぞうえく》・求不得苦《ぐふとくく》・五蘊《ごうん》盛苦《じょうく》の四つの苦の状態を加えたものです。愛別離苦というのは、愛《いと》しい人との別れをはじめ、人でも物でも出来事でも、都合のいいものから離される苦ということです。怨憎会苦はその反対で、都合の悪いことが常に関係づけられている苦のことです。求不得苦は、欲しいものがあるのに、どうしても自分のものにならない苦のことを言います。五蘊盛苦は、肉体的機能、感情、表象力、意志、意識の五つの機能が盛んであることによって身をもてあます苦ということです。

善導は、人間はその苦悩を問い、その苦悩を超えて生きる道を尋《たず》ねようとしていると見ておられるのです。苦悩というところに、道を求めての深い迷いの歴史があるということです。人間は我執《がしゅう》（自分への愛着）というかたちをとって道を求めているのです。

人間は直接仏教の教えと関わりがなくても、苦悩の存在であるというところにすでに道を求めている事実があるのです。「生死を離れる」という、より深く現実を生きることを願っているのです。しかし、私たちは、苦悩の解消は求めても、苦悩のもつ意義を問うことをしないのです。そこで、苦悩のもつ意義が仏によって教えられていくのです。

六、仏によってこの世が開かれる

（三）
忽然《こつねん》として中路《ちゅうろ》に二つの河あり。
一つにはこれ火の河、南にあり。
二つにはこれ水の河、北にあり。
二河おのおの闊《ひろ》さ百歩《ひゃくぶ》、おのおの深くして底なし、
南北辺《ほとり》なし。

訳文

突然、その行く手に二つの河が現れる。一つは火の河であり、南にある。二つは水の河であり、北にある。二つの河はいずれも広さが百歩あり、深くて底がない。南北には、果てしがない。

自己への問いを持ち、身の事実を表す「百千の里」と向き合うとき、そこに忽然《こつねん》として中路に二つの河が現れてくると説かれます。その二つの河とは「すなわち衆生の貪愛《とんない》は水のごとし、瞋憎《しんぞう》は火のごとしと喩うるなり」（二河譬）とあって、その貪欲《とんよく》（水）と瞋恚《しんに》（火）が大河となって求道の行く手を阻むものとして立ち現れてくるということです。

仏による「教化《きょうけ》（目覚め）」ということは、「真如法性《しんにょほっしょう》」と言われる法がもとになっています。善導は、

竊《ひそ》かに以《おも》みれば真如広大《しんにょこうだい》なり。五乗《ごじょう》もその辺《へん》を測《はか》らず。法性深高《ほっしょうじんこう》なり、十聖《じっしょう》もその際《さい》を窮《きわ》むることなし。真如の体量《たいりょう》、量性《りょうしょう》、蠢蠢《じゅんじゅん》の心を出《い》でず。法性の無辺《むへん》なるが辺《へん》の体なり。すなわち元来《がんらい》不動なり。

（「玄義分」序題門　真聖全一・四四二頁）


と言われ、私たちの存在の深さ以上に広大なのが「真如」であり、甚深《じんじん》にして高妙《こうみょう》なのが「法性」であると示されています。「五乗もその辺を測らず」というのは、人・天・声聞《しょうもん》・独覚《どっかく》・菩薩《ぼさつ》がその知恵《ちえ》をもっていかに考えたとしても、「真如」の限界を知ることができないという意味です。

「真如の体量」とは「真如」の本体《ほんたい》であり、その本体が、計《はか》れるもの、現れ出たものを意味する「量《りょう》」のところ、つまり一切衆生に現れてくるということです。そして、その「真如」は「蠢蠢《じゅんじゅん》の心を出でず」と言い、ほんの小さな虫の中にも「真如」のすべてが収《おさ》

まっているということです。

真如法性と言われる法が、単に法だけであるならば「教理《きょうり》」にとどまることになります。ところが、その法をもとにして「仏に成る」ということが起こるので、その法自身のはたらきに、「本願《ほんがん》」ということばが与えられているのです。その本願も、衆生の在り方に本願を発《おこ》された理由があるために、悲願《ひがん》のかたちをとっていると言われます。悲願とは、手がかりを持てない衆生のために、「仏が仏自身を衆生に知らせる」という意味です。

しかし、真如がすべてに行き渡っているといっても、煩悩に覆《おお》われている私たちにとっては知ることのできないことです。知ることができなければ、無いに等しいということになります。そこに、釈迦如来の教化ということが大きな意味を持つことになるのです。そのことを、

大悲西化《さいけ》を隠《かく》して、驚きて火宅《かたく》の門に入り、甘露《かんろ》を注ぎて群萌《ぐんもう》を潤《うるお》し、智炬《ちこ》を輝かして、すなわち重昏《じゅうこん》を永夜《ようや》に朗《あき》らかにせしむ。（「玄義分」序題門　真聖全一・四四二頁）

と言われます。釈迦如来が西方の無勝荘厳《むしょうしょうごん》浄土の教化《きょうけ》を後回《あとまわ》しにして、急ぎ娑婆《しゃば》世界の火宅の門に出現されたのは、法に迷い、痛焼《つうしょう》の在り方をしている衆生に驚かれ、痛み悲しまれたからです。

「火宅の門」とは、業火《ごうか》で燃えている世界の中におりながら、そのことに気づけない凡

夫の鈍感《どんかん》な生き方を表しています。その一方で、「娑婆は苦界《くかい》なり」と言われ、身を持つ限り、仕方なしにがまんを強いられる世界にいるということです。娑婆世界は堪忍土《かんにんど》とも言われ、身を持っている限りがまんして病に耐え、嫌々ながらがまんして、仕方なく死んでいく世界という意味です。その娑婆世界に、釈迦如来は「驚きて」出現されたのです。

仏教の教化の歴史が教えているのは、私たちの「わが身」というものが凡夫であり、「曠劫《こうごう》よりこのかた流転《るてん》」（『帰三宝偈』）している「愚痴《ぐち》の身」であるということです。老病死を拒《こば》み、納得がいかないということが愚痴《ぐち》です。愚痴に沈み迷いの業の身であることに昏《くら》い者であるにもかかわらず、今ここに如来のさとりを知ることになるのは仏によるのです。その自覚、頷《うなず》きが生じるのは「弥陀の本願」によることです。そのことを、「智炬を輝かして、すなわち重昏を永夜に朗らかにせしむ」と表現されているのです。

「二河おのおの闊《ひろ》さ百歩」とは、「百歩とは人寿《にんじゅ》百歳に喩う」とあり、私たちの人生が百年で表されるとともに、自分の一生涯がこの二河と離れてはないということの意味です。「おのおの深くして底なし」とは、自分の一生涯は、貪愛とか瞋憎という食の業《ごう》、性の業《ごう》が絡む業障《ごうしょう》の深さ以外の何物でもないということです。人間業《ごう》の深さのことを、「底なし」と言ってあるのです。

七、水火二河と白道

（四）正《まさ》しく水火の中間《ちゅうげん》に、
一つの白道《びゃくどう》あり、闊《ひろ》さ四五《しご》寸許《すんばかり》なるべし。
この道、東の岸より西の岸に至るに、
また長さ百歩、

訳文
その水火二河の中間に、一つの白道があって、幅は四、五寸ばかりである。この道は、東の岸から西の岸に至っているが、その長さは二河と同じく百歩である。

水火二河とその中間に幅《はば》四、五寸の白道が忽然《こつねん》として現れてくる。西に向かって行かんと欲する求道心《ぐどうしん》に、水火二河と一つの白道が自分の生涯《しょうがい》として現れてきたということです。今まで気づかなかったことが、暗闇《くらやみ》の前途《ぜんと》に光がさし込むことで、初めて自分の生涯に向き合うことになったということです。

「水の河」と言われる貪欲《とんよく》の業については、『大無量寿経』の下巻によると、

総猥憒擾《そうわいかいにょう》してみな愛欲《あいよく》を貪《むさぼ》る。道に惑える者は衆《おお》く、これを悟《さと》る者は寡《すく》し。世間悤悤《そうそう》として憀頼《りょうらい》すべきことなし。（真宗聖典六二頁）

と説かれています。「総猥《そうわい》」は世の中が乱れ、騒がしいこと。「憒擾《かいにょう》」は、乱れ、煩わしいこと。そうした世間全体が騒がしく乱れた中で、みな愛欲を貪ると説かれています。

「愛欲」は、肉親、異性に強い執着をもつことで、貪愛《とんない》とも言われます。人間は食べるということとの業のほかに、性に伴う業を抱えているということです。自分の思いで立てた自分を愛着する「我愛《があい》」を基にして、自分にとって都合のいいもの、欲しいものを貪り求めることとです。貪欲は、ただ欲深いというだけではなく、「私」という思いがすでに深い執着であるということです。その「私」意識を基にして、食と性の業が日常的に何時でも起こってくるということです。

「道に惑《まど》える者」とは、ここで言われる「道」とは、人間であることを問うということ

が意味されていて、自己を問うことが抜け落ちていることが「惑える者」ということです。「世間悤悤として憀頼すべきことなし」とは、忙しく働いて、頼みとするものがなく、絶えず不安定な生活が続くことです。

貪欲《とんよく》は、自分への執着はもとより、自分の物への執着、自分の行為への執着、そして、そのもとにある自分の存在についての執着のことです。自然を縁とし人間を縁とする業縁関係の中にあって、自分への執着に強く固まり、限りなく欲望を起こしていることが「貪欲」であると言われるのです。善導はそれを「水の河」で表されているのです。

「火の河」と言われる瞋恚《しんに》の業については、

尊卑《そんぴ》・上下・貧富・貴賤《きせん》、勤苦《ごんく》悤務《そうむ》しておのおの殺毒《せつどく》を懐《いだ》く。悪気窈冥《あっけようみょう》してためにに妄《みだ》りに事《じ》を興《おこ》す。天地に違逆《いぎゃく》して人の心に従わず。自然《じねん》の非悪《ひあく》、先《ま》ず随いてこれを与う。

（真宗聖典六二頁）


と言われます。「尊卑・上下・貧富・貴賤」とは、この世の姿が表してあり、その中で、誰もが身を粉にして働いている姿が「勤苦《ごんく》悤務《そうむ》」と言われます。人間社会の力関係の中では、相手が強ければ自分を殺すことになり、自分を殺して辛抱《しんぼう》した分、相手への恨《うら》みや憎《にく》しみとなって「殺毒《せつどく》を懐《いだ》く」ことになると言うのです。「殺毒《せつどく》」は人をないがしろにしたり、殺したいという思いを持っていることを「毒《どく》」で表してあります。そして、やられたらやり返すという仕返し、報復《ほうふく》、復讐《ふくしゅう》の企《くわだ》てのことを「妄《みだ》りに事を興《おこ》す」と言われます。

また、瞋恚《しんに》については、

然《しか》も毒を含み怒りを蓄《たくわ》え憤《いきどお》りを精神《しょうじん》に結びて、自然《じねん》に剋識《こくし》して相《あい》離るることを得ず。みな当《まさ》に対生《たいしょう》してかわるがわる相報復《あいほうぶく》すべし。（真宗聖典五九頁）

と言われ、腹を立てるという形で精神《こころ》を閉ざしていることが瞋恚であるということです。怒り、腹立ちの心が他に対する心を閉ざし、世間に対しても自分にも納得がいかないと、不平不満を募《つの》らせることになるのです。それが瞋恚、瞋憎《しんぞう》と言われ、「火の河」で表されているのです。

その水と火の河の中間に白道があるのです。白道の白とは清浄《しょうじょう》という意味であり、「白の言は黒に対す」と言われ、黒と言われる無明煩悩に対しています。「闊《ひろ》さ四五寸」の「四五寸」とは、四大《しだい》（地水火風）、五蘊《ごうん》（色受相行識）を喩えると言われ、私たちの身心のすべてを表しています。

この白道は「東の岸より西の岸に至るに、また長さ百歩」と言われます。百歩は私たちの一生を表す百年ということであり、私たちの生涯が、東の岸より西の岸に至る道という意義を持っていることを、白道の長さで示してあるのです。

八、波浪と火焔が人生を問う

（五）　その水の波浪《はろう》交わり過ぎて道を湿《うるお》す、
その火焔《かえん》また来《きた》りて道を焼く。
水火あい交わりて常にして休息《くそく》なけん。

訳文
水の河は波浪となって、この道に覆いかぶさってくる。火の河は火焔となって燃え上がり、この道を焼いている。波浪は打ち寄せ、火焔は燃え盛り、とどまる時がない。

49　八、波浪と火焔が人生を問う

水火が道を「湿《うるお》し、焼く」ということは、人生において世間を超えるということが忘れ去られていることを示すことばです。
『大経』下巻によれば、世間の人は三毒を基にして「共に不急《ふきゅう》の事を諍《あらそ》う」（真宗聖典五八頁）と言われます。三毒とは、貪欲・瞋恚・愚痴の煩悩のことであり、これが「毒」であるというのは、それによって苦悩に喘《あえ》ぎ、心身共に苦しむことになるからです。その毒は自分だけで終わらずに、まわりの者にも影響を及ぼします。私たちの生活の現実は、この三毒を基にしたあり方で成り立っています。そのために、急ぐべきことが疎《おろそ》かになっているのです。疎かになるとは、「度世《どせ》」という人生の意義を問うことが見失われているということです。その姿が、
然《しか》るに世人、薄俗《はくぞく》にして共に不急の事を諍う。この劇悪極苦《ぎゃくあくごっく》の中において身の営務《ようむ》を勤めて、もって自《みずか》ら給済《きゅうさい》す。尊《そん》もなく卑《ひ》もなし。貧もなく富もなし。少長男女《なんにょ》共に銭《せん》財《ざい》を憂う。有無同然《どうねん》なり。憂思《うし》適《まさ》に等し。（真宗聖典五八頁）
と説かれています。「薄俗《はくぞく》」とは、世間的な関心にのみ心が動くことを言います。仏が教えているところの、「生死を超え、真の自己に遇う」ことこそ急がねばならないのに、そのことが後回《あとまわ》しになって、五欲《ごよく》（財《ざい》欲・性《せい》欲・飲食《おんじき》欲・名誉《めいよ》欲・睡眠《ずいめん》欲）を満たすとか、自己の関心を満足させることが生きることであると、誰もが一生懸命になっているということ

です。そうした中で「もって自ら給済《きゅうさい》す」と、自分で自分自身を助けようと苦労していると言うのです。人間が自分を助けようとするときに頼りになるのが、「銭財《せんざい》」であると言われます。私たちは、生きるには食べ、食べ続けなければならないという身をもっています。そのために、金銭と財物を必要とします。しかし、「銭財」は、有れば食べることに難儀《なんぎ》しなくてすむとしても、有ればあったで無くなる不安に苦しまねばなりません。それを「共に銭財を憂う。有無同然《どうねん》なり」と言われています。「無いよりは有るほうがいい」とする私たちの「銭財」への深い執着心が示されています。

生計《せいけい》を立てる日常生活の全体は不安定で、身も心も休まる時がないと言われます。生きているときは「富貴栄華《ふきえいが》（富み栄えること）」に心を奪われ、悪戦苦闘し、命終わるときには「煢煢忪忪《けいけいそうそう》（孤独で頼るものがなく心が騒ぐこと）」と頼ることのない孤独と恐怖におののき、命終われば「独り遠く去る」と言う。どこへ行くのか知る由もなく、行き先が不明のまま命終えていくと言うのです。

『大経』下巻の教説は、釈尊が人間を責《せ》めたり、咎《とが》めたりするために説かれたものではありません。教誡《きょうかい》と言われる意味は、「仏の法」に目を向けさせるため、生死を超えるところの「度世《どせ》」ということのために説かれたということです。「度世」とは、この世を超えた仏の世界によって、この世を生き抜くということです。

釈尊は、
今我《われ》この世《よ》において仏と作《な》りて、経法《きょうぼう》を演説し道教《どうきょう》を宣布《せんぷ》す。もろもろの疑網《ぎもう》を断ち、愛欲の本《もと》を抜き、衆悪《しゅあく》の源《みなもと》を杜《ふさ》ぐ。（真宗聖典六四頁）
と言われ、「疑網」で仏智を疑う愚痴を、「愛欲の本」で貪欲と瞋恚を、「衆悪の源」で生死の本である渇愛《かつあい》・無明《むみょう》ということを示し、それを「断《た》ち、抜《ぬ》き、杜《ふさ》ぐ」ために仏の法を説くと言われるのです。
波浪と火焔が交互に道を見えなくしているということは、妨《さまた》げるものをもって、人生に「度世」という意味を開くためです。「道を湿し、道を焼く」という仏の智慧による教示《きょうじ》がなければ、貪欲《とんよく》とかそれが抑圧されたときの怒りとかが、道心とは無関係な人間の生命現象という一般常識で片付けられることになりかねないからです。
人には、生死の世界を超えなければならないという、「度世」という大事な課題があるのです。生死を離れなければ、「困った」ということで沈み込むより他はなく、閉じられた方向にしか行けないのです。そうした私たちに、仏の法に眼を向けさせようとして仏の教えが説かれているのです。自らの人生に問いを持ち、存在の意義を開くことのために、水火《しいか》の二河が休息《やすみ》なく「道を湿し、道を焼く」と表現されているのです。

九、孤独という我執のすがた

（六）この人すでに
空曠《くうこう》の迥《はるか》なる処《ところ》に至るに、
さらに人物なし。

訳文
この人はすでに果てしのない荒野にいることに気づくが、辺《あた》りには人がいない。

自分自身の一生涯が問題となり、自己自身が課題となった「この人」は、「すでに空曠《くうこう》の迥《はるか》なる処に至る」と言う。そこは「さらに人物なし」と言われ、人は居ても心から語り合う友もなく、人として生きようとする人もいないということです。その存在の荒野《こうや》が「無人空迥《むにんくぎょう》の沢」と言われ、「つねに悪友に随いて、真の善知識《ぜんちしき》に値《あ》わざるに喩う」（三河譬）と述べられています。「無人」とは、孤独を誤魔化《ごまか》したり、人生を空しく過ごさせようとする悪友はたくさんいても、孤独や空しさの意味を教え、道心を励ます人はいないということです。

求道心《ぐどうしん》が起こってくると、人は孤独になり、周《まわ》りはみな敵《てき》となり、「群賊悪獣《ぐんぞくあくじゅう》」との闘いが始まります。それは、求道心の発起によって、初めてわが身に立ち返ったということです。「すでに」とあって、気づかぬままに孤独であり、群賊悪獣の餌食《えじき》になっていたことに、今更ながら気づいたということです。

空迥《くぎょう》の沢とは、求道心が起こることによって、自らの孤独に向き合うことになるということです。

『大経』下巻によれば、「我」に執着する結果として、孤独の報《むく》いを受けるということが諭《さと》されています。

人、世間の愛欲の中にありて、独《ひと》り生じ独り死し独り去り独り来《きた》りて、行《ぎょう》に当《あた》り苦楽《くらく》

の地に至り趣《おもむ》く。身《み》、自《みずか》らこれを当《う》くるに、有《たれ》も代《か》わる者なし。（真宗聖典六〇頁）

と、孤独に固まっている私たちの姿が照らし出され、諭されています。

「世間の愛欲の中」の世間とは、世間という愛欲の世界ということであって、性をもとにした愛情と欲望の中で、豊かな人間関係を失って、「我」に執着することに終始しているということです。「独り」というのは、業縁関係の中で、我に強く執着している者の孤立したありさまです。「行に当り」とは、為したことに応じて結果を得るということであり、自らの行為の責任において「苦楽の地に至り趣く」のです。

「身、自らこれを当くるに」とは、身を受けたという事実は、代替《だいたい》ということが成り立たない厳粛《げんしゅく》な事実であり、自分の命も自分の人生も人に代わってもらうわけにはいかないということです。私たちは「有《たれ》も代《か》わる者」はないという身の事実を生きているのです。

私たちは、貪欲・瞋恚・愚痴という三毒の業をなしてきた報《むく》いとして、孤独を受けています。孤独とは自他を分別して、保身のために「私」に固まってしまった在り方を言います。その我執のために、常に不安に晒《さら》される結果を得ているのです。

無明による愚痴の毒は、仏の教えを聞くけれどもそれによって心が開かず、「我」に深く執着して離れられず、心身共に閉ざされてしまうことです。その無明《むみょう》（分別によってわが身を立てる）による愚痴の業について『大経』下巻では、道徳を識《さと》らず。身愚《みおろ》かに神《たましい》闇《くら》く、心塞《しんふさが》り意《こころと》閉じて、死生《ししょう》の趣《しゅ》、善悪の道、自《みずか》ら見ること能《あた》わず。語る者あることなし。吉凶禍福《きっきょうかふく》、競《きそ》いておのおのこれを作《な》す。一《ひとり》も怪《あや》しむものなきなり。

（真宗聖典六一頁）

と説かれています。「道徳」とは、仏の教えということであり、その真実の法に暗いことが「身愚か」であり「神《たましい》闇い」ということです。仏法を無視した生き方のことです。

仏の教えを聞くということがないために心が開かず、「我」に深く執着することを離れることがない。仏法を知らないために、心は塞がり、意《こころ》は不安とか恐れで覆われます。その解放されない在り方を「心塞《しんふさが》り意《こころと》閉じて」と表されています。愚痴の業とは、無明の煩悩に覆われて、心身共に閉塞《へいそく》状態になっていることです。

その閉塞状態の中にあっても「吉凶禍福《きっきょうかふく》」ということには大きな関心を抱き、誰もが「吉」とか「福」は取り込もうとするし、「凶」とか「禍」は排除し逃れようとします。このことは、私たちの関心事が我執で立てた「私」にあるため、その私が壊れるとか、責められるとか、無視されることを極端に嫌《きら》う心で成り立っていることを意味しています。

「無人空迥」の孤独は、一人ぼっちという寂しさの孤独というより、求道の心が直面するところの、人間の業《ごう》としての「我執《がしゅう》」のすがたのことです。

一〇、求道心を奪いにくる群賊悪獣

（七）　多く群賊悪獣《ぐんぞくあくじゅう》ありて、
この人の単独なるを見て、
競《きそ》い来《きた》りて
この人を殺さんと欲《ほっ》す。

訳文
多くの群賊悪獣がいて、この人がただ独りであるのを見ると、争ってこの人を殺そうとするのである。

西に向かって行こうとする人が、自分の生涯として水火《しいか》二河とその中間にある「白道」を感得する時、群賊《ぐんぞく》や悪獣《あくじゅう》がその道心を奪うべく襲ってくるのです。人に成ることを「殺さん」と迫ってくるのです。

群賊悪獣とは、

「群賊・悪獣詐《いつわ》り親《した》しむ」というは、すなわち衆生の六根・六識・六塵《ろくじん》・五陰《ごおん》・四大《しだい》に喩うるなり。（二河譬　真宗聖典二二〇頁）

と言われ、衆生の生存を成り立たせている身と環境のこととして表されています。その身と環境が群賊悪獣となって、人に成ることを「殺さん」と迫ってくるのです。一番身近かに馴染《なじ》んでいる自分までが群賊悪獣となって、自身を餌食にせんと詐《いつわ》り、親しむかたちで襲いかかってくるのです。六根・六識の内容を持つこころの作用が、「末那識《まなしき》」という「私」意識が常に起こることによって汚《けが》されているのです。私意識とは我痴《がち》・我見《がけん》・我《が》慢《まん》・我愛《があい》の四煩悩のことです。この四つのうち根本となるのは我痴、すなわち無明《むみょう》です。無明とは、真の自己を見失って、自分の思いで立てた自分を「我」と固執することです。

群賊悪獣ということに関しては、仏教では「四魔《しま》」ということが言われています。一つは、五陰《ごおん》魔と言われ、人間の身体に潜んでいて命を蝕《むしば》むものとされています。二つは、煩悩魔と言われ、覚りを開こうという心を起こした時に、その心を妨げるものとされています。三つは、死魔と言われ、生命を否応なしに奪っていくものとされています。四つは、天魔と言われ、生死の世界を超えようとするものに対して、それを妨害するものとされています。五陰魔・煩悩魔・死魔は私たちの身体や心に関係するところの魔であり、内側にあって生命を脅かします。天魔は外側にあって、恐怖におとしめたり、従属《じゅうぞく》させたり、名利《みょうり》心《しん》をかきたてたりして主体性を奪います。天魔は制度・思想に関わり、私たちをこの世にとどめさせる魔のことです。

釈尊の「正覚《しょうがく》」には「降魔《ごうま》」ということが伝えられています。それによれば、太子は菩《ぼ》提樹《だいじゅ》の下に座り内観に入られます。樹が「菩提樹」と名づけられたときは、その根を張っている大地は「煩悩」であると言われています。太子の内観を妨げるために、煩悩の大地が騒ぎ始めるのです。悪魔が軍勢《ぐんぜい》を伴《ともな》って太子の内観を妨げるために使う武器は、世俗の欲望です。美女のすがた、戦士のすがた、金持ちのすがた、権力者としての王のすがた、生命をおびやかす幽鬼《ゆうき》のすがた等々です。その魔の軍勢は十軍と言われ、楽欲《らくよく》・不快《ふかい》・飢《き》渇《かつ》・渇愛《かつあい》・懶惰《らいだ》・怖畏《ふい》・疑《うたがい》・虚栄《きょえい》（と剛情《ごうじょう》）・名利《みょうり》・自讃毀他《じさんきた》であると言われます。

魔というのは、ありもしないのにあるかのようになっている不透明な存在です。そのため、人間にとっては恐怖の対象となるのです。その恐れによって人間を従属させたり、恐怖におとしめたり、生きる方向を見失わせるのです。そういうかたちで存在が認められているのが魔です。釈尊に覚りを開かれると、魔にとっては存在の意味を失うことになります。だからこそ、その正覚を邪魔するために、必死になって、しかも巧妙に襲っているのです。

人間の「いのち」に関わる根本的な闘いは、群賊悪獣との闘いです。それは「詐り親しむ」かたちで襲ってきます。その群賊悪獣との闘いは、誰にも代わってもらえないのです。群賊悪獣との闘いとは、自分の一生が奪い取られたり、自分の主体性が抹殺《まっさつ》されてしまうことへの闘いなのです。群賊悪獣は、人が人になるための歩みをさせないように、その人を求道心の起こる前の状態に戻すことが仕事です。つまり、その人を迷妄の状態のままにおき、世間心を超えさせないように眠らせておくことです。

私たちは、この世・この身において安心し、納得したいのですが、なかなかそうはなりません。老・病・死をもつ身、縁に触れればいかなることにも出会う身を「わが身」としている限り、常に不安であるということです。その不安を感ずる心と安心を求める心が矛盾しながら同居しているのが、「わが心」なのです。それゆえ、私たちの安心と納得を求めての悪戦苦闘は果てしがないのです。そこに群賊悪獣が入り込んで来て、生きる方向を惑わせるのです。

「単独」ということは、誰にも代わってもらえない身の事実において、道心が「わが身」「わが心」を問うすがたです。その道心を群賊悪獣が奪いにくるのです。

一二、五悪の現実に向き合う

（八）死を怖《おそ》れて直ちに走りて西に向かうに、
忽然《こつねん》としてこの大河《たいが》を見て、

訳文
死を怖れたこの人は、じっとしておれずに西に向かって走り出すが、突然、この大河に直面することになる。

群賊悪獣との緊迫した闘いが、「死を怖れて直ちに走りて西に向かう」と表されています。「直ちに走りて西に向かう」とは、わが身に迫ってくる状況が、この人を必死の思いにさせているということです。日常の生活に不安と空しさを感じ、自己を問わざるを得ないことになったということです。しかし、その内心にまで群賊悪獣が「詐《いつわ》り親しむ」かたちで入り込み、自己への問いを封じ、気晴らしの方向に向けさせようとするのです。

「死を怖れて」とあるのは、自分の死が問題になるかたちで自分自身に向き合うことになるということです。このいのちの闘いは、私たちにとっては一番大きな恐れである「自分の死」ということと、生死に埋没するという「道心の死」が問題になる不断《ふだん》の闘いであり、二重の意味での死の不安が、この人を必死の思いにさせるのです。

人として本当に生きようとするいのちの闘いは、「いのちの促し」に生きることです。それは世間を超えて仏の世界に向かうことですから、「西に向かう」と言われます。その道心を妨害しているのが群賊悪獣です。

『大経』下巻に説かれる五悪のあり様は、いのちの闘いにおいて人間が群賊悪獣の虜《とりこ》になり、餌食にされている姿です。だからこそ仏は、「もろもろの疑網《ぎもう》を断《た》ち、愛欲の本《もと》を抜《ぬ》き、衆悪《しゅあく》の源を杜《ふさ》ぐ」（真宗聖典六四頁）ために仏の法を説くと言われ、人間が抱えている苦悩の痛ましさを示すことによって、世間心を超える道心を励ましておられるのです。

今我《われ》この世間において仏に作《な》りて、五悪・五痛《つう》・五焼《しょう》の中に処《しょ》すること最も劇苦《ぎゃっく》なりとす。群生《ぐんじょう》を教化《きょうけ》して、五悪を捨《す》てしめ五痛《つう》を去《さ》けしめ五焼《しょう》を離《はな》れしめ、その意《こころ》を降《ごう》化《け》して、五善を持《たも》たしめて、その福徳、度世《どせ》・長寿・泥洹《ないおん》の道を獲《え》しめん。
（真宗聖典六六頁）
と、五悪が教誡されています。「私」と言って生きている人間の、離れることのない罪業が五悪ということで示されています。
その第一悪は、
諸天人民蠕動《にんみんねんどう》の類《たぐい》、衆悪を為《つく》らんと欲《おも》えり。みな然《しか》らざるはなし。強《こわ》き者は弱きを伏《ふく》す。転《うた》た相剋賊《あいこくぞく》し残害殺戮《ざんがいせつろく》して迭《たが》いに相呑噬《あいどんぜい》す。（真宗聖典六六頁）
と説かれています。「相剋賊《あいこくぞく》し残害殺戮《ざんがいせつろく》して」とは、私たちの世界は力がものをいう世界であり、互いに殺し合っているということです。「相呑噬《あいどんぜい》す」とは、「呑《どん》」は飲み込むことであり、「噬《ぜい》」は噛《か》み砕《くだ》くことですから、殺すといっても血を流す殺し合いのほかに、相手を飲み込み、相手の立場を砕き、奪ってしまうことも含まれているということです。
第二悪では、慚愧《ざんき》の心を失い「奢婬憍縦《しゃいんきょうじゅ》（おごりたかぶり、みだらで、放逸で気まま）」になると言い、「更相欺誑《きょうそうごわく》（互いにあざむきあうこと）」という自己中心的に生きることが教誡されています。第三悪では、男・女がそれぞれ性の業により、肉親や異性への貪りの愛を募らせ、「愛欲交乱《きょうらん》して坐起《ざき》安からず」と言われます。また、異性を人格ではなく性欲の対象として見る「婬泆《いんいつ》」の思いが教誡されます。第四悪では、人間の関係性を引き裂くことばの悪が取り上げてあります。私たちの世界は、ことばによって成り立っています。国家、制度、文化の成り立ちもことばによります。日常的なことばの悪としては、二枚舌で人の間を裂いたり、悪口を言ったり、嘘をついたり、お世辞を言ったり、人をおとしめたりすることです。ことばの持ち方で人間の関係が裂かれ、お互いが争うことになります。第五悪では、酒を飲むことで表に出てくる人間の愚昧《ぐまい》さが取り上げてあります。

この五悪の在り方は、そのもとには、如来の本願を知らないということがあります。如来を知らないから、仏法僧《ぶっぽうそう》の三宝に背くことになり、背いている思いすらないところに悪が生じているということです。釈尊はそうした私たちの在り方に気づかせ、人間としての痛み、悲しみの心を呼び起こし、「私」に立つ在り方を翻《ひるがえ》して、浄土に立つ自己を獲得《かくとく》させるために、この『大無量寿経』が教説されているのです。

「この人」が、群賊悪獣との闘いに立ち上がり、五悪の現実に向き合おうとしたために、群賊悪獣は「殺さん」と襲ってくるのです。道心を呼び起こすのは如来の本願であり、それを妨げるものは群賊悪獣です。その道心の前途に「大河」が横たわっていて、茫然《ぼうぜん》と立ちつくすのです。

二二、世間を超えることは容易でない

（九）すなわち自ら念言《ねんごん》すらく、
「この河、南北辺畔《へんぱん》を見ず、
中間に一つの白道を見る、
きわめてこれ狭少《きょうしょう》なり。

訳文
大河に直面したこの人は、心の中で思うのである。「この河は、南北に涯しがない。その中間に一つの白道を見るけれども、まことに狭い道である」と。

「大河」に直面したこの人は、誰にも代わってもらえない一生涯を目の前にし、人生といってもこの二河を離れてはないことを思い知らされるのです。

仏教では「四瀑流《しぼる》」ということが言われ、善導は『帰三宝偈』で、弥陀の本願を信ずるということは、「横《よこ》さまに四流《しる》を超断《ちょうだん》する」（真宗聖典一四六頁）ことであると言われています。「四流」とは四つの煩悩、欲《よく》と有《う》と見《けん》と無明《むみょう》のことです。私たちの生存は「有」で表され、その生存はすでに「欲」で固まっています。しかもその生存は「邪見《じゃけん》」に依っています。邪見というのは、何事においても「私」を中心に考え、自分が考えたことは正しくて間違いがないと決めていることを言います。私という愛着の意識で自分というものを立てていながら、その自分の姿が見えないのが「無明」です。この四つの煩悩が暴《あば》れる川のようになって、私たちの道を求めるわずかな心を押し流してしまうことで四瀑流《しぼる》と言われているのです。

「中間に一つの白道《びゃくどう》を見る」とは、煩悩の底なき身の事実を感ずる痛みの心が、同じく白道を見るということでもあるのです。その白道は、

> 「中間の白道四五寸」というは、すなわち衆生の貪瞋《とんじん》煩悩の中に、よく清浄願往生《しょうじょうがんおうじょう》の心を生ぜしむるに喩うるなり。　（二河譬　真宗聖典二二〇頁）

とあり、衆生の貪りや怒りの煩悩のただ中に、浄土に生まれたいと願う清浄なる心が生じ

てくる、と喩えられています。この二河と白道については、

いまし貪瞋強《とんじんこわ》きによるがゆえに、すなわち水火のごとしと喩《たと》う。善心微《み》なるがゆえに、白道《びゃくどう》のごとしと喩《たと》う。

（二河譬　真宗聖典二二〇頁）


と述べられています。「貪瞋強《とんじんこわ》きによる」ということは、底なしの煩悩が真実の道を求める歩みを呑み込み、焼き尽くしてしまうということです。白道は、「善心微《み》なるがゆえに」と言われ、私たちの意識よりもより深い命の事実としてあることが喩えられています。

命の事実とは、善導によれば苦悩の底にあって人を仏道に向かわせる本願のうながしです。

ところが、その道は「きわめてこれ狭少《きょうしょう》なり」とあり、「本願のうながし」ということに気づくことの困難さが示されています。『帰三宝偈』には、

道俗時衆《じしゅう》等、各々無上心《むじょうしん》を発《おこ》せども、生死甚《しょうじはなは》だ厭《いと》い難《がた》く、仏法復欣《またねが》い難《がた》し。

（真宗聖典一四六頁）


と言われます。それぞれがこの生死の現実に問題を持ち、それぞれが道を求めるということは、自分自身の問題であり、誰にも代わってもらえないという意味で「各々無上心を発《おこ》せども」と言われます。一人の人間が仏道に志《こころざし》を起こすという時は、この世に苦悩を感ずるということがもとになっています。それぞれが抱えている業の重さが苦悩となり、その苦悩を離れ、安らぎを求め、救いを求めることが「生死を厭《いと》う」と言われます。

しかし、その求めが「仏法を欣《ねが》う」ことと一つになるには相当の開きがあるのです。私たちにあっては、求めてはいても生死を超えるのではなく、苦悩が解消されることであり、名利《みょうり》が満足することであって、現世《げんせ》の中での満足ということを超えることがないのです。「南北辺畔《へんぱん》を見ず」と言われているように、果てしのない欲望の追求であり、仏法の方向ではなく気晴らしの方に向いてしまうのです。

世間を超えるということがなければ仏道とは言えないのです。煩悩・名利の心で「仏法を欣《ねが》う」ということは、もともとあり得ないことです。その根本的なすれ違いのことが、「きわめてこれ狭少《きょうしょう》なり」と表現されているのです。「生死を厭《いと》う」ことも、「仏法を欣《ねが》う」ことも、求めるのは誰にも代わってもらえない自分であっても、個人の心で成り立つものではないのです。「生死を離れる」ということは、現実をより深く生きることを願うことです。個人の心で「より深く」は成り立たないのです。生死を超えるという白道の歩みは、「善心微《み》なるがゆえに」と言われるように、仏道の心、如来の心によって成り立っているのです。「微《み》」とは私たちの微《かす》かな心という意味ではなく、如来の心ということです。

それゆえ、私たちの心（立場）からでは「甚《はなは》だ厭《いと》い難く」であり、「復欣《またねが》い難し」と言われるのです。わずかな白道を見るのは、如来の智慧によるということです。

一三、本願により境界が知らされる

（一〇）　二つの岸、あい去ること近《ちか》しといえども、
何に由《よ》ってか行くべき。
今日《きょう》定んで死せんこと疑わず。

訳文
「東の岸と西の岸との隔《へだ》たりは近いけれども、はたしてこの道で渡れるのであろうか。今日ここで、仕方なく死ぬほかないのだろうか」

いのちの闘いは、自分との闘いでもあることが「大河」を見るかたちで示されます。大河をはさむ「二つの岸」は、生死の凡夫の現実と仏の世界である涅槃が表されています。もともと仏の世界は、私たちの考えで量《はか》ることのできない世界です。私たちの生死の世界とは一線が画されているということです。そのことを「相去《さ》る」と言い、生死の世界と阿弥陀仏の世界とは、本願が衆生の迷いのただ中に建立されているので、無関係ではないことを「近し」と言ってあるのです。

『大無量寿経』には、久遠無量《くおんむりょう》不可思議の昔、阿弥陀仏が因位《いんに》の法蔵菩薩《ほうぞうぼさつ》の時、師の世《せ》自在王仏《じざいおうぶつ》（饒王仏《にょうおうぶつ》）のみもとで、

この義弘深《ぐじん》にして我が境界《きょうがい》にあらず。唯願わくは世尊、広くために諸仏・如来の浄土の行を敷演《ふえん》したまえ。

（真宗聖典一四頁）


と、わが身でも推し量れないような大願を発《おこ》され、五劫の間思惟《しゆい》し、衆生のために四十八願を選択《せんじゃく》し、兆載永劫《ちょうさいようこう》にわたる修行の結果、十劫《じっこう》の昔に阿弥陀仏となられた。そして、いま現に西方の安楽世界にましまし、「名号」をもって一切衆生を教化《きょうけ》し、さとらせている、と説かれています。私たちを教化し、私たちをさとらせる「はたらき」は、いろもなく、かたちもない「真如法性」によるものです。その法のはたらきを「阿弥陀如来の本願」ということばで表されたのが、『大無量寿経』です。

「一つの岸、あい去《さ》ること近《ちか》し」ということの意味については、
仏の所説の厳浄《ごんじょう》の国土を聞きて、みなことごとく覩見《とけん》して、無上殊勝《むじょうしゅしょう》の願を超発《ちょうほつ》せり。（真宗聖典一四頁）
と説かれていて、衆生が迷い、苦しみ、悩んでいる生死の世界に、その生死の世界を超え開くものとして、本願が私たちの迷いの世界と離れずに建立《こんりゅう》されているということです。生死の迷いの世界に生きる者に、仏と遇い、仏に成るということを、「自覚」として成り立たせたいということです。
阿弥陀仏とその浄土は、法蔵菩薩の本願に報《むく》いて現れた仏であり、仏土であるということで「報仏《ほうぶつ》・報土《ほうど》」と言われます。その成仏は「一切衆生を利益《りやく》（救済）する」ためであるから、初めから衆生の現実に深い関わりがあるのです。成仏の阿弥陀ということは、南無阿弥陀仏となって、衆生の教化《きょうけ》（目覚め）のための仏身《ぶっしん》・仏土《ぶつど》を成就されたということです。この世を超えているという意義と、苦悩のわれわれと無関係ではないということを表しているのが、報仏・報土ということです。
私たちは法の世界を知らないために、無明によって生死の現実にあっては業《ごう》に縛《しば》られ、自分を傷つけ人を傷つけて生きているのです。そのことを痛ましいとも悲しいとも思わず、世間に埋没《まいぼつ》した在り方をしています。その凡夫のために法蔵の発願があり、その発願が報

われて、如来の功徳である「真実」が衆生のところで実現するということです。厳しい現実があり、それが超えられるというところに、浄土が「報土《ほうど》（願に報われた世界）」であるということの意義があるのです。その本願によって、私たちが「煩悩具足の凡夫」である自身に目を覚まし、疑いなく自身を信ずることができ、その目覚ませた仏の心をもって、この世をより深く生きることができるのです。

「二つの岸」ということも、仏によって知らされることであり、人生を問うという道心（本願の促し）が起こってこなければ、現れてこないことです。しかし、対岸が見えているにもかかわらず、「何に由《よ》ってか行くべき」ということは、今まで漠然と恐れていた「死」が、大河を前にして現実のものとなったということです。五悪の現実に向き合い、さらに「自分」に向き合うことになったということです。

私たちは「分別《ふんべつ》（自分の考え、価値観とか好き嫌いの感情が入った判断）」によって自分というものを立てています。その執着の思いによって立てた自分が「無くなる」ということは、形あるものと思っている「自分」にとっては大変恐いことです。「定んで死せん」と言ってあるのは、死を恐れている「自分」に否応なしに向き合わざるを得ないことになったということです。

一四、罪福信という保身の世界

（一一）正《まさ》しく到《いた》り回《かえ》らんと欲《ほっ》すれば、群賊悪獣漸漸《ぐんぞくあくじゅうぜんぜん》に来り逼《せ》む。

訳文
「引き返そうとすれば、群賊悪獣が待ち構えていてじわりじわりと迫ってくる」

大河を前にして、死が恐いからといって「到り回《かえ》らん」とするのは、逃れてきたもとの生活、群賊悪獣の支配下に戻ることを意味しています。それは、道心が起こる以前の「罪《ざい》福信《ふくしん》」に生きることです。わが心に立って現世のご利益《りやく》を求める在り方のことです。除災《じょさい》招福《しょうふく》、吉凶禍福《きっきょうかふく》という世間心で生きることです。

その罪福ということの意味するところは、罪福の「罪《ざい》」というのは「不吉なもの、邪悪なもの」という意味で、「福《ふく》」は「妙《たえ》なるもの、快《こころよ》いもの」を意味すると言われています。自分を守り、自分を支えてくれるものはどこまでも取り込みたい。しかし、不気味なもの、邪悪なものは、「私」というものを壊すものであるから徹底して排除したい。そういう本能的な分別に根をもつ心です。「私」を守り、「私」の支えになるものは、徹底して愛着する。逆に、私を壊し、否定するものは何でも排除し、自分の身体であっても、自分の心であっても切り捨てようとする、得手勝手な心です。

私たちは除災招福、吉凶禍福の「選《よ》り分け」を自分の分別に立って行っています。そうした選り分けのもとになっているのが罪福信であり、それによって振り回されているのが私たちの在りようです。罪福信というのは仏道の心ではなく世間の心です。その世間心の自分に立つ限り、世間を超えるということはあり得ないことです。その罪福信の心が現実を六道（地獄・餓鬼《がき》・畜生《ちくしょう》・修羅《しゅら》・人間・天上）の迷妄《めいもう》状態にし、自らの生が失われる結果を招いているのです。

善導は、
九十五種みな世を汚《けが》す。ただ仏の一道のみ独り清閑《しょうげん》なり。

（『法事讃』真聖全一・六〇四頁）

と言い、九十五種の邪道と言われているものは、世間心に立つさまざまな偽りの教えであり、世間を超えさせないという点においては共通しているため、それらは仏道ではなく外《げ》道《どう》（世間道）と言われます。「ただ仏の一道のみ独り清閑《しょうげん》なり」とは、仏の世界の目覚めにおいて、この濁世の現実に責任をもって生きることであって、ひとり涼しい顔をして生きるということではありません。

私たちがこの世にあって、世間心、罪福信を生きるのは、無意識のうちに「自分」を立てるという無明煩悩によるものです。仏法が「世間に信じ難き法」（『阿弥陀経』）と言われる理由は、世間心で出世間の仏の法を推し量ることは無理ということであって、世間が九十五種の邪道に染《そ》まっているもとには、仏の法ではなく、わが心に立ってわが力で安心を求める「罪福信」のあることが指摘されているのです。

親鸞は、善導が仏教以外の思想を意味する「異学異見」という言い方について、
異学《いがく》というは、聖道外道《しょうどうげどう》におもむきて、余行《よぎょう》を修し、余仏《よぶつ》を念ず、吉日良辰《きちにちりょうしん》をえらび、

占相祭祀《せんそうさいし》をこのむものなり。これは外道《げどう》なり。これらはひとえに自力《じりき》をたのむものなり。

（『一念多念文意』真宗聖典五四一頁）


と言われ、厳しい現実生活にあって、吉日良辰《りょうしん》を選び、卜占祭祀《ぼくせんさいし》を好むという冥界《めいかい》の見えない霊《れい》の力に脅《おび》える人びとの姿が、悲しみをもって取り上げられています。邪道とされるもとには「自力をたのむ」ということがあり、わが身への執心からの脅えであることが指摘されています。「自力」ということは、わが身を頼みとしていながら、それができないときには、自分以外の力であっても何でも「あて」にするという性質をもっています。

過酷な現実にあって、生活の不安、畏れの中で、わずかの支えにでもなればと求められているのが、九十五種の邪道と言われている教えです。冥界《めいかい》の見えない霊《れい》の力であっても頼ろうとすることです。不安の中で、その祈りにも似た心に罪福信が入り込み、仏道に向かうであろう「祈り」の心を違う方向に向けてしまうのです。現世《げんせ》のご利益に執着させるかたちをとって、世間を超えさせないのです。

道心の中にまで群賊悪獣が「詐《いつわ》り」入り込んでくることが、「漸漸《ぜんぜん》に来り逼《せ》む」と表現されています。引き返すということは、罪福信の世間に戻り群賊悪獣に屈服することです。いのちの闘いを放棄させられることです。それゆえ、大河を前にして、死を恐れて「到り回らん」とするのは、道心の「死」を意味するのです。

一五、天上界のもつ限界

（一二）　正《まさ》しく南北に
避《さ》り走らんと欲すれば、
悪獣毒虫《あくじゅうどくちゅう》競い来りて我に向かう。

訳文
「南北に避け走ろうとすれば、悪獣毒虫が先を争って私に迫ってくる」

死を恐れて「避《さ》り走らん」とは、根源に近づきながら根本問題に触れようとしないことを表しています。根源の「西へ」を避け、世間の中での幸福の追求、名利の満足を願って「現世を祈《いの》る」という形をとることです。その生まれつきの方向性は「天上界」で象徴されています。

天上界の神々の間では、人間はみんな幸福を求めて天上界を目指していることになっているのに、中に敢えて修行する者が現れたために、帝釈天の座を狙っているのではないかと、天上界が騒ぎになったことが「雪山童子《せっせんどうじ》の物語」として『涅槃経《ねはんぎょう》』に説いてあります。

雪山童子は、羅刹《らせつ》（足が速く、からだが黒く、赤い髪で牙を持つ、人を食う鬼）に身を変えて下界に降りた帝釈天より、過去の仏が説いた偈文《げもん》「諸行は無常なり、これ生滅《しょうめつ》の法なれば」を聞いて大いに歓び、後の半偈を唱えてほしいと頼みます。羅刹は後の半偈を教えるかわりに、人間の暖かい肉、人間の熱い血が欲しいと言います。後の半偈「生滅を滅すれば、寂滅《じゃくめつ》を楽と為す」を聞き取った童子は、その四句の偈文を周りにある岩肌や樹々に刻んだあと、樹に登って身を投じるのです。帝釈天は、身命を投げ捨ててでも真実を求めようとする童子の求道の姿勢に大いに感動し、敬服《けいふく》するという物語です。

私たちの生き方は、生来《しょうらい》の習性《しゅうせい》として天上界を目指しているので、天上界の神々もそれを当然のこととしているということです。しかし、雪山童子は違っていて、修行の本意は天上界の幸せを目指すことではなく、天上界を超えることにあったのです。仏法を求めるということの意義を示されたのです。

私たちが目指す天上界にも、地獄よりも深い悩み苦しみがあり、

彼の忉利天《とうりてん》のごときは、快楽《けらく》極まり無しと雖《いえど》も、命終《みょうじゅう》に臨む時は、五衰《ごすい》の相《そう》現ず。一には頭の上の花鬘《けまん》忽《たちま》ちに萎《しぼ》み、二には天衣《てんね》塵垢《じんく》に著《けが》され、三には腋《わき》の下に汗《あせ》出で、四には両の目しばしば眴《くら》み、五には本居《ほんご》を楽《たの》しまざるなり。

（『往生要集』真聖全一・七五〇頁）


と説かれています。天上界の天人も老・死は免れることができないため、「五衰《ごすい》」という深い苦悩を秘めているということです。いろんな欲がすべて満たされたとしても、存在自体の満足がなく、「本居《ほんご》を楽しまず」という身の置き処がない空しさの苦悩があるのです。

私たちは幸せを求めても「快楽《けらく》極まり無し」という状態にはなかなかならないので、果てしなく「楽」を求めることになるのですが、たとえ諸々の欲望がすべて満たされたとしても居場所のない「空しさ」の苦悩が残ることで、天上界の限界が示されているのです。

人間は天上界のような幸せを目指している、と見ている帝釈天や天上の神々に対し、「他化自在天《たけじざいてん》」の魔王は、欲界の衆生はみんな自分に属する人民であって、自分の支配下にあるものと決めています。欲界の第六天が他化自在天と言われ、そこを支配するのが

「波旬《はじゅん》」と呼ばれる大魔王です。他化自在天は、人の作ったもの、他の天の人びとの作ったものをわが所有とすることで成り立っている天界です。そこの人民がいかに生死《しょうじ》を流転《るてん》しようが、魔王の支配から逃れていくことは許さないという権力構造をもっています。

「魔王波旬」は、四つの魔ということでは天子魔《てんしま》にあたり、人間に自立とか自在ということを許さないという外的な力としての働きをもっています。制度とか慣習というかたちで人間を縛り、秩序を保つという名目で人間を支配する権力なるものは、この天子魔に結びついているようです。しかし、この魔王波旬にも弱みがあり、娘をはじめ多くの手下《てか》が釈尊に帰依《きえ》することになったため、
大きに瞋恚《しんに》・怖畏《ふいま》を倍して、心を煎《こが》し、憔悴《しょうすい》・憂愁《うしゅう》して、独り宮の内に坐《ざ》す。

（『教行信証』化身土巻　真宗聖典三七一頁）

と、自分の支配力を超えるものが現れたことに恐怖して、独り魔宮に閉じこもる姿が記されています。やがて、魔王波旬は眷属《けんぞく》八十億衆とともに釈尊に帰依《きえ》することになります。

「悪獣毒虫」の姿をとる魔の権力は、私たちをしてこの世にとどめさせ、「南北」は許しても世間という枠組《わくぐ》みは超えさせないのです。人間から自由を奪い、服従を強いる。人をして世間という「与奪《よだつ》」の世界にとどめ置くことで支配するのです。「避走《ひそう》」と言われる人間の無意識の方向性にも、大きな壁があることが示されているのです。

一六、賢善精進という精神力の限界

（一三）　正《まさ》しく西に向かいて
道を尋《たず》ねて去《ゆ》かんと欲すれば、
また恐《おそ》らくはこの水火の二河に堕《だ》せんことを。」

訳文
「西に向かって道を尋ねて行こうとすれば、恐らくこの水火の二河に堕ちることになるであろう。」

賢善精進

西に向かって「去（ゆく）」とは、生死を「超える」ことが意味されていますが、ここでは自分の力で自分を助け出そうとする「修道」のことが問題にされています。
善導は、『観経』の三心《さんじん》として教説された「至誠心《しじょうしん》」を自らに実践し、見えてきたわが身自身の在りようを明らかにされています。それが、
外《ほか》、賢善精進《けんぜんしょうじん》の相を現じ、内、虚仮《こけ》を懐《いだ》くことを得ざれ。貪瞋邪偽奸詐百端《とんじんじゃぎかんさももはし》にして、悪性侵《や》め難《がた》く、事、蛇蠍《じゃかつ》に同じ。（「散善義」至誠心釈　真聖全一・五三三頁）
という痛みのことばです。外見《がいけん》は賢《けん》・善《ぜん》・精進《しょうじん》の姿をとり、しかも、内は虚《こ》・仮《け》の心を懐《いだ》いているということです。
仏道を行ずるには、当然のこととして「真実心」が要求されています。そのため、悪をやめ善につき、心身を清らかに保って戒律を守り、修行に努め励まなくてはなりません。しかし、内に名利《みょうり》の心や打算の心を懐くようであれば、外見はいかに賢《けん》・善《ぜん》・精進《しょうじん》の「修道」の形をとっても、「貪《とん》・瞋《じん》・邪偽《じゃぎ》・奸詐《かんさ》・百端《ももはし》」ということになる、ということです。「貪《とん》」は我執の上に愛欲・名利を貪《むさぼ》ることです。名利とは、名誉と利得を求める心であり、その名利の心は「慢《まん》」の煩悩を生じ、他との比較から自らの修行への自慢となったり、競争相手への「瞋《いか》り」となったりするということです。そうした貪欲・瞋恚の名利心によって求める行為そのものが「邪偽《じゃぎ》」ということです。「奸詐《かんさ》」は名利心を満足させるため

に相手を貶《おとし》めたり、修行の過程で自己満足という自分自身への騙《だま》しがあったりすることです。「百端《ももはし》」とは、そこからいろいろな煩悩が派生《はせい》するということです。つまり、自らの精神力で仏果を得ようとする個人的な修道は、必ず名利の心を伴うために「貪瞋邪偽奸詐百端」となり、「さとり」ではなく独《ひと》りよがりの心境にとどまるということです。

名利の心を持ちながら仏の覚りを得ようとすれば、上に対する妬《ねた》みや嫉《そね》み、下に対する蔑《さげす》みから離れることはできないということで、「悪性侵《や》めがたし」と言われます。そして、仏果《ぶっか》を求める道は名利の心が必然的についてくるために、自分で自分を縛《しば》った状態にしたり、他の者の道心を損《そこな》うことがあるので「事、蛇蝎《じゃかつ》に同じ」と言われます。真実を求めての「精進《しょうじん》」であっても、求める心は真実ではないということです。

名利の心を懐いたままで、「生死を離れる」ことができると思って行ずる修道は、たとえ身も心も必死に励《はげ》まして、昼も夜もなく、髪《かみ》の毛についた火の粉を払うように真剣《しんけん》であっても、「雑毒《ぞうどく》の善」になってしまうのです。仏の覚りを目指していても、「解行《げぎょう》」という自分の理解力と実践力に立つ限り、つまり、精神力で成《な》し遂《と》げようとする限りできないということです。

「水火の二河に堕《だ》せん」とは、貪愛《とんない》・瞋憎《しんぞう》の煩悩に道心がかき消されていくことを言うものです。善導の『法事讃』には、「修道」において見えてくる自らの罪業《ざいごう》を懺悔《さんげ》するかたちで地獄《じごく》の様相が記されています。「堕す」とは、貪欲・瞋恚の業報《ごうほう》をまともに受けるという意味です。『往生要集』によれば、獄卒が罪人に、
火の焼くは則ち滅すべし。業の焼くは滅すべからず。（『往生要集』真聖全一・七三七頁）
と呵責《かしゃく》して、貪欲・瞋恚の業火が自らを焼くのだという。その大焦熱《だいしょうねつ》地獄の下には阿鼻《あび》地獄（無間《むげん》地獄）があり、
我今《いま》帰する処無く、孤独にして同伴《どうはん》無し。（『往生要集』真聖全一・七三八頁）
と罪人が訴えても、閻魔《えんま》の手下が、「業の羂《あみ》に繫縛《けばく》せられたるなり。人の能く汝を救《よ》うもの無し」（同）と叱りつけます。仏法を無視し、自分勝手に生き、自他の関係を切り裂いて生きてきた者が、この報《むく》いを受けるということです。
貪欲・瞋恚の業報《ごうほう》による地獄は仏法によって見えてくるのであって、自分の修道の力で何とかしようとしても、「地獄は一定すみかぞかし」（『歎異抄』）という落ち着きは出てこないのです。水火の二河を「去《ゆ》く」と言っても、賢善精進の精神力で自らの罪業を救うことはできないのです。
努力に期待する「修道」というかたちをとっても、生死を離れることができなければ本当の仏道とは言えないため、精神力で西に向かっても、大きな壁があるということです。

一七、殃病という出口のない苦悩

（一四）時に当たりて惶怖《こうふ》すること、
また言うべからず。

訳文
行き場が塞がっていることを思い知らされたとき、その出口のない苦しみに身の全体が震え、言うことばもない。

「惶怖《こうふ》」ということは、自分の力で自分を助ける道のないことを思い知らされたことに恐れおののいている姿のことです。不安の極まりを表すことばです。『大経』には、煩悩と罪業に苦しむ衆生の現実が、「五悪《ごあく》、五痛《ごつう》、五焼《ごしょう》」と示されています。


この世の五悪、勤苦《ごんく》かくのごとし。五痛《つう》、五焼《しょう》、展転《てんでん》して相生《あいしょう》ず。但《ただ》し衆悪《しゅあく》を作《な》して善本《ぜんぽん》を修せず。みなことごとく自然《じねん》にもろもろの悪趣《あくしゅ》に入る。あるいはその今世《こんせ》に先《ま》ず殃病《おうびょう》を被《こうぶ》りて、死を求むるに得ず。生《しょう》を求むるに得ず。罪悪の招《まね》くところ、衆に示してこれを見せしむ。身《み》死して行に随《したが》いて三悪道に入りて、苦毒無量なり。自《みずか》ら相燋然《しょうねん》す。

（真宗聖典七五頁）


と、世間の人は「五悪、五痛、五焼」という尽きることのない苦しみや迷いを続けている、と説かれています。

仏の法に出遇うことのない限り、五悪を生じ、現に五痛に苦しみ、その結果、五焼の報いを受けるという在り方を重ねるほかはないということです。そして、「その今世《こんせ》に先ず殃病《おうびょう》を被りて、死を求むるに得ず。生を求むるに得ず」とあり、「殃病」という、薬でも休養でも治《なお》らない存在の病に至るという。死ぬこともできず、生きることもできないという、極限の状態に沈み込むということです。

「時に当たりて惶怖《こうふ》すること、また言うべからず」とは、この「殃病《おうびょう》」と言われるような不治《ふじ》の病、不安の極まりに直面したということです。

阿闍世が直面した「殃病」は、全身に瘡《かさ》ができ、その熱に苦しむ「難治《なんじ》の病」ということが『涅槃経』に説かれています。


父の王辜《つみ》なきに横《おう》に逆害を加す。父を害するに因って、己《おのれ》が心に悔熱《けねつ》を生ず。乃至心悔熱《けねつ》するがゆえに、遍体《へんたい》に瘡《かさ》を生ず。その瘡臭穢《かさしゅうえ》にして附近《ふごん》すべからず。

（『教行信証』信巻　真宗聖典二五二頁）


とあります。阿闍世は「かくのごときの瘡《かさ》は、心よりして生ぜり。四大《しだい》より起これるにあらず」と苦しみます。阿闍世は、やがて大医耆婆《ぎば》の諭《さとし》によって、「王、罪を作《な》すといえども、心に重悔《じゅうけ》を生じて慚愧《ざんぎ》を懐《いだ》けり」と言われるまでになります。時に虚空より父頻婆沙《びんばしゃ》羅《ら》王《おう》の声がして、「（阿闍世）王の悪業、必ず勉《まぬか》ることを得じ」と言い、「速やかに仏の所《みもと》に往《もう》ずべし」との声を聞くことになります。父王の声を聞いた阿闍世は「心に怖懼《ふく》を懐《いだ》けり。身を挙《あ》げて戦慄《せんりつ》す、五体掉動《ごたいじょうどう》して芭蕉樹《ばしょうじゅ》のごとし」と、苦悶《くもん》の様子が示されています。

阿闍世は、やがては釈尊の月愛三昧《がっあいさんまい》によって救われることになりますが、父王の慈愛の声を聞くにつけ、自分の病が父王を死に至らしめたことにあることに苦しみ悩むのです。

韋提希の場合の「殃病《おうびょう》」は、わが子阿闍世の逆害に遇い、愁憂憔悴《しゅうゆうしょうすい》の中で、釈尊に向かって示されています。

我《わ》れ一生《いっしょう》より以来《このかた》、未だかつてその大罪《だいざい》を造《つく》らず。未審《いぶか》し、宿業《しゅくごう》の因縁、何の殃咎《おうく》あってか、この児《に》とともに母子《もし》となると。（「序分義」真聖全一・四八四頁）

と、愚痴《ぐち》をこぼし悩んでいます。韋提希が「未審《いぶか》し」と問わざるを得ないような、自分では受け止められないような、そういう重さをもっているのが「宿業の因縁」と言われる過去との繋《つな》がりです。韋提希は「何故このような目に遭わねばならないのか」ということを、母子という関わりにおいて苦悩しているのです。

その繋がりの苦悩の中に在って、韋提希が「無憂悩処《むうのうしょ》」という「場《ば》」を求め、阿弥陀仏の浄土に生まれることを願うようになったのは、釈尊の導きによると説かれています。

「死にたくても死ねず、生きることもできない」という存在の苦悩は、阿闍世や韋提希に限らず誰もが抱えている苦悩です。どんな努力をしても、どんな慰めの言葉によっても解決しない苦悩です。仏教では、苦苦《くく》（直接的な苦）、壊苦《えく》（壊れていく苦）、行苦《ぎょうく》（存在自体のもつ苦）ということが言われますが、その行苦に相当する苦悩のことです。

「時に当たりて惶怖《こうふ》する」とは、誰にも代わってもらえないわが身が、人間の免《まぬが》れることのない根源的な罪障《ざいしょう》に出合う時という意味です。存在自体のもつ苦悩に直面し、その出口の見出せない苛立ちに身を焦《こ》がしている姿のことです。

一八、分別心に立つ自分意識の臨終

（一五）　すなわち自ら思念すらく、
「我今回《かえ》らばまた死せん、
住《とど》まらばまた死せん、
去《ゆ》かばまた死せん。

訳文
途方に暮れる中で、「いま私は引き返せば死ぬほかはない。とどまっていても、また死ぬばかりである。前に進んでも、死ぬほかはないであろう」と思い沈むのである。

自分の力で自分を助けることのできない「閉塞」の状態を真宗教義《しんしゅうきょうぎ》の上では「三定死《さんじょうし》」と言われ、死ぬことも生きることもできないという極限のかたちで自分自身が問題になることを表しています。三定死と言われているのは、求道心ゆえに直面する自らの限界であり、「我あり」に立つ自分意識の「臨終《りんじゅう》」に直面することです。それは自我の死と念仏の道に生きる決断が要請《ようせい》されている境位《きょうい》のことです。その状態を、「我今回《かえ》らばまた死せん、住《とど》まらばまた死せん、去《ゆ》かばまた死せん」という出口のない身の事実として、「また死せん」と三度繰り返して確認しています。あらためて、生きるという厳粛な事実を思い知らされているのです。

「回《かえ》らばまた死せん」という意味は、群賊悪獣が襲ってくることを恐れ、日常性から抜け出してきたけれども、引き返せば群賊悪獣の餌食になるのは明らかだということです。いのちの闘いを放棄して、罪福信のままにご利益をあてにするような生活には戻れないということです。求道心という根源関心が目覚めてくれれば、それ以下の関心事に再び戻ることは耐えられないのです。

「住《とど》まらばまた死せん」という意味は、夢とか希望に生きるというかたちをとって身の事実を忘れていることです。天上界のような「幸せ」を求めての向上にも悪獣毒虫が潜んでいて、「夢」と「あきらめ」を上手《うま》く使い分けて世間を超えさせないようにしているのです。源信僧都が髪の毛が白くなっても、「一生は尽くといえども、希望《けもう》は尽きず」（『往生要集』真聖全一・七五二頁）と言われているように、私たちは年がいっても夢を追うようになっているのです。しかしそれは、自身を問うことが疎《おろそ》かになるということです。夢を追うことがいけないということではなく、根本問題に切り込めないという意味で、とどまっているに等しいということです。

「去《ゆ》かばまた死せん」とは、「賢善精進」という精神力でもって自分を助け出そうとすることです。先行きと生存の不安を克服するために、「修道」というかたちをとっても愛欲・名利の煩悩が絡み、自らの罪障が超えられないまま世間に埋没することになります。それもまた死を意味するのです。世間では通用する自力であっても、世間を「超える」ということでは自力は無力であって、精神力にも壁があるということです。

「三定死」の在り方について親鸞は、『教行信証』の総序で、
穢《え》を捨て浄《じょう》を欣《ねが》い、行《ぎょう》に迷《まど》い信に惑《まど》い、心昏《くら》く識寡《さとりすく》なく、悪重く障《さわり》多きもの、

（真宗聖典一四九頁）

と言われ、如来より呼びかけられた者の在りようとして明らかにされています。

「穢《え》を捨て浄《じょう》を欣《ねが》い」ということは、自分の執着から離れられず、そのために悩みがなかなか癒されない人が、執着からの解放や、苦しみや悩みが解決されることを求めること

です。不本意なみじめな生き方はしたくないということです。

「行《ぎょう》に迷《まよ》い」ということは、一切を「一味平等《いちみびょうどう》」に受け止めている如来の願心《がんしん》に帰《き》するということがないため、是非・善悪や自他を分別し差別する「私」が超えられないということです。「信に惑《まど》い」とは、いろいろな問題を抱えながら、自分の生き死《いし》にという根本問題を見失っているために、生きる方向が正しく定まらないことです。不幸であれ、幸せであれ、平等に自由に生きているのが「いのちの事実」であって、その事実に立ち帰って出直していく生き方ができないということです。

「心昏《くら》く識寡《さとりすく》なく」とは、いろんなことを考え、問題にしているけれども、自分の人生に関わってくる根本問題がなかなかはっきりしないということです。

「悪重く障多きもの」とは、何がどうなっても治らず、どう教えられても変わらずという重い病を抱えているということです。

親鸞は求道心が感得する三定死の中身を示すことで、自分意識の上では行き詰まっていても、如来によって呼びかけられている存在であることを示しておられるのです。

私たちは、意識の上では「私」を生きています。その自分に向き合った結果、出口の見えない苦悶のかたちで自分意識の限界が思い知らされるのです。分別に立つ自分意識が見えない壁にぶつかり、「死」の怖れに晒《さら》されているということです。

一九、生き方の方向転換

（一六）　一種として死を勉《まぬか》れざれば、
我寧《やす》くこの道を尋《たず》ねて
前《さき》に向こうて去《ゆ》かん。

訳文
「いずれにしても死ぬほかないのであれば、心を決めて、この道を尋ねて前に向かって歩んで行こう」

「一種として死を勉《まぬか》れざれば」という三定死の限界状況の中から、「この道を尋《たず》ねて前《さき》に向こうて去《ゆ》かん」という決断が呼び起こされてくるのです。この決断は、向こう見ずでも自暴自棄でもなく、本願の中に自分自身を見出すことです。ここでの「去《ゆ》かん」は、出口のない中で、死を恐れている自分に死ぬことを決断することです。

この決断は、『大無量寿経』の本願の歴史によって成り立っているのです。

当来《とうらい》の世に経道滅尽《きょうどうめつじん》せんに、我慈悲哀愍《われじひあいみん》をもって特《こと》にこの経を留《とど》めて止住《しじゅう》すること百歳せん。

（真宗聖典八七頁）

と、釈尊の本意が示されたのが『大無量寿経』です。善導は、
万年に三宝滅《めっ》せんに、この経、住《じゅう》すること百年せん。その時、聞きて一念せん。みな当《まさ》に彼《かしこ》に生まるることを得べし、と。

（『往生礼讃』真聖全一・六六一頁）

と言い、一切の経道が滅尽する時が到来《とうらい》する時に、初めて釈尊の出世の本意が聞こえてくると言われます。

善導は、「経道の滅尽」ということの意味することは、末法一万年後の法滅《ほうめつ》の時代にならなくても、人が命終の時に臨めば、これまでの価値観や、解行《げぎょう》（理解力・実践力）が何の力にもならないことを思い知らされることであり、一切の法門までが全くその力を失うことであると受け止められています。その意味では、悪業の凡夫は初めから「経道滅尽」し

ていて、生死を超えた仏の世界が見出せないため、やむなく自分の力に頼り、それがかなわぬときは霊の力、魔の力に頼ろうとするのです。経道が滅尽する時は、命ある者が「物《もの》」になってしまうのです。それを道綽は「衆生滅《めっ》し尽《つ》き」と言われ、曇鸞は「屍骸《しがい》」と言われています。

『大経』の本願による教えは、仏滅後の五濁悪世という現実を踏まえ、本願との出遇いを開くことによって、「屍骸《しがい》」となった人間を生き返らせることにあるのです。

「前に向こうて去かん」との決断は、死を恐れ、不安に苛立っている「自分に死ぬ」ことを決断することです。善導は、
畢命《ひつみょう》を期《ご》として、上一形《かみいちぎょう》にあるは少しき苦しきに似如《に》たれども、前念《ぜんねん》に命終《みょうじゅう》して後念《ごねん》にすなわちかの国に生まれて、長時《じょうじ》・永劫《ようごう》に常に無為《むい》の法楽《ほうらく》を受く。

（『往生礼讃』真聖全一・六五二頁）

と言われます。私たちにとっては生き方の方向転換という初めてのことですから、大変恐く勇気のいることです。それを善導は「上一形《かみいちぎょう》にあるは少しき苦しきに似如《に》たれども」と、少しの苦しみは伴うと言われます。そして、「畢命《ひつみょう》を期《ご》として」と、その決断は命それ自身の願いに目覚めることですから、身の事実としてその決断が成り立つことを語っておられます。

決断といっても、一《いち》か八《ばち》かという無謀な賭《か》けではなく、回心《えしん》という「翻り《ひるがえ》」を意味する大いなる決断です。本願の内に自分自身を見、三定死をそのまま受け止めることが「前念に命終して」と言われ、その不安に立つ決断を、「後念に即ちかの国に生まれて」と言われているのです。

「前に向こうて去かん」との決断は、如来因中の行である「真実」によって成り立つのです。善導は、私たち凡夫が自分の力で世間を超え、浄土に往生することのできない理由は、如来によって本願が発《おこ》されたからであると、大変かわった言い方をされています。


何をもってのゆえに、正《まさ》しくかの阿弥陀仏《あみだぶつ》、因中に菩薩《ぼさつ》の行を行ぜし時、乃至《ないし》一念一《いっ》刹那《せつな》も、三業の所修、みなこれ真実心の中《うち》に作《な》したまえるに由《よ》ってなり。

（「散善義」至誠心釈　真聖全一・五三三頁）


と、不可の理由が如来の真実にあることが述べられています。このことは、弥陀の浄土への往生は私たちの力によるのではなく、如来の本願の力によるということです。その本願との出遇いが決断を促《うなが》したということです。

本願との出遇いによるこの決断は、多くの念仏者の歩んだ求道の「いのち」の歴史に出会うことですから「我寧《やす》く」と言われます。そこには、自分の力で自分を助けようとする修道の個人性を初めて超えることのできた感動が示されているのです。

二〇、弥陀の本願との出遇い

（一七）すでにこの道あり。必ず度すべし」と。

訳文
「すでにこの白道がある。必ず渡ることができる」と。

「すでにこの道あり」とは、三定死《さんじょうし》のわが身に立ち返る時、初めて、念仏に生きた多くの人びとの歩みが道となって見えてきたということです。念仏者の歩んだ道が、西岸（極楽宝国）からの道として在るということです。この道は、個人の路《みち》ではなく、多くの人びとが仏道の心に促されて歩み続けた道であり、諸仏《しょぶつ》、諸菩薩《しょぼさつ》がこちらの生死の世界へ入って来られた道でもあるのです。私たちが永遠のいのちに出遇う道です。この道は、「微《み》」と言われているように、私たちの意識を破って生起している道であり、無始曠劫よりの流転の中で出遇っていたことのある道でもあるのです。それが今、わが身の全体を受け止め、支えるものとしてはっきりと見えてきたということです。
「必ず度すべし」とは、三定死のわが身において、初めて道が見え、教えが聞こえてきたということです。今まで、自分意識の「はからい」のために、はっきりと道が見えず、教えが聞こえなかったのです。善導は『帰三宝偈』で、
我等《われら》愚痴《ぐち》の身、曠劫《こうごう》よりこのかた流転《るてん》せり。今、釈迦仏《しゃかぶつ》の、末法《まっぽう》の遺跡《ゆいしゃく》、弥陀《みだ》の本誓《ほんぜい》願《がん》、極楽《ごくらく》の要門《ようもん》に逢《あ》えり。（「玄義分」真宗聖典一四七頁）
と言われ、その弥陀の本願との出遇いが「すでにこの道あり」との感動をもって讃えられているのです。「我等愚痴の身」とは、如来について知らないという愚《おろ》かさであり、自分を立てることで仏の世界を隠していることに気づかない「昏《くら》さ」をもつ身ということです。

この愚痴から離れられず、迷いから離れることのない自分に今遇うことができたということです。「末法の遺跡《ゆいしゃく》、弥陀の本誓願、極楽の要門」に遇うことによって、初めて自分は「愚痴の身」であるということに深く納得がいったということです。

衆生の疑惑《ぎわく》によって、自分への疑い、法への疑いが深まって、仏教というものが影も形もなくなってしまうことが「末法《まっぽう》」と言われる時代です。その末法の時にようやく隠れていたものが現れてきたという意味で、「遺跡《ゆいしゃく》」と言われています。従来の仏教のように、菩提心を発し、出家し、厳しい修行の上で仏のさとりを得るという仏道方式においては隠れていたものが、末法ということで、その方式が崩れてしまった時に、初めて掘り起こされてきたのが弥陀の本願の教えであるということです。

どうしてみようもないという「経道滅尽《きょうどうめつじん》」の末法にあって、「遺跡《ゆいしゃく》」が見つかったことで、限界の状態に「ひるがえる」という違う意味が開かれてきたのです。三定死の在り方に気づかせ、それを「転機《てんき》（仏の世界に転入する機会）」とするということです。

「極楽の要門」というのは、『観無量寿経』の教えのことであり、極楽という門を開く要《かなめ》になっている教えです。『観経』の教えというのは、弥陀の本願ということがもとになっていて、私たちの沈み込むほかない現実を転ずる手がかりとして説かれた経です。この『観経』が示す教化《きょうけ》の手だては、

一つには至誠心《しじょうしん》、二つには深心《じんしん》、三つには回向発願心《えこうほつがんしん》なり。三心《さんじん》を具すれば、必ずかの国に生ず。（真宗聖典一一二頁）

との三心《さんじん》の次第によって、『大無量寿経』の弥陀の本誓願が現実にはたらくことが明らかにされているのです。

「要門《ようもん》」というのは大事な方向を示すという意味です。その方向とは、わが身の限界が知らされることで限界を超えたものを同時に知る、という方向です。「至誠心《しじょうしん》」という釈迦如来を目標とする実践のもとには、「我あり」に基づくところの自分への過信があり、実践を可能としているその自信が、実は、如来（阿弥陀仏）を疑う究極の不信であると知らされる、という限界の超え方です。このことは如来の智慧によるのです。

仏教に関わりを持ちながら無始いらい流転してきたわが身が、「末法《まっぽう》の遺跡《ゆいしゃく》」である弥陀の本誓願との出遇いによって、自分意識の計らいが無始いらいの流転の正体であることを、わが身に初めて知ることになったのです。思わぬかたちで遇い得たことが、「すでにこの道あり、必ず度すべし」との確信となっているのです。

浄土門の教えは、釈迦如来を目標としてさとりに到ることではなく、弥陀の本願によって、迷いの業の身のところに「自己自身」が生まれることが成仏道であるということです。

二一、釈迦如来の声

（一八）　この念を作《な》す時、
東の岸にたちまちに人の勧《すす》むる声を聞く。

訳文
この道を渡ろうと思い定めた時、この人は、東の岸に勧め励ます声を聞くのである。

無量壽經　巻下
無量壽經　巻上

「東の岸」とは、この「娑婆《しゃば》の火宅《かたく》」であり、そこからの勧める声とは、

「東の岸に人の声勧《すす》め遣《つか》わすを聞きて、道を尋《たず》ねて直ちに西に進む」というは、すなわち釈迦《しゃか》すでに滅《めっ》したまいて後の人、見たてまつらず、なお教法ありて尋《たず》ぬべきに喩《たと》う、すなわちこれを声のごとしと喩《たと》うるなり。（真宗聖典二二一頁）

と善導自らが解釈されています。

「人の勧《すす》むる声」とは、弥陀の本願をお説きになった『大無量寿経《だいむりょうじゅきょう》』の釈迦如来の勧めのことです。その声が「東の岸」より聞こえてきたということは、西の岸への道を一歩であっても歩む人になったということが表されています。三定死と言われる出口のない苦悶の中で、その状況を受けて立つ決断のところに、釈尊の出世の本意が初めて聞こえてきたということです。

「たちまちに」とは、機《き》が熟したということです。仏道に立たせる真実の教えが、大いなる決断を契機《けいき》にして聞こえてきたわけです。

「教法ありて尋ぬべきに喩う」とは、一切の手だてが尽《つ》きて、どうしようもない現実に沈み込むほかないときにあって、初めて教法が声として聞こえてくるということです。韋《い》提希《だいけ》のように、状況に押しつぶされ、「もう駄目です」と言ってこの世に解決が見出せず、仕方なく沈み込んでいるところに、「浄土の往生」という仏法による解決の道が示された

ことを意味しています。

釈尊自らは、「釈迦を中心とし、目標にせよ」とおっしゃらずに、弥陀の名号を聞く信楽《しんぎょう》（真実との出遇いを歓ぶ心）の仏道を示されたのです。仏道は私たちの目標への努力で成り立つのではなく、仏の本願によって成り立つということです。阿弥陀仏の名号を聞くことによって、喜びで一声でも念仏するところに、この人は大きな利益《りやく》を得ることになり、仏と同じ功徳があらわれてくると言われるのです。

弥陀の名号を聞くところに新しく生まれる自己ということが、『大経』上巻の結びのところでは、

かくのごときの諸仏、各各《おのおの》無量の衆生を、仏の正道《しょうどう》に安立《あんりゅう》せしめたまう。

（真宗聖典四三頁）


と説かれています。衆生を仏の正道に安立せしめることのほかに仏道はないのです。安立の事実は私たちの個人の心理ではなく仏道の心です。私たちにあっては、個人的関心に生きているために、個人的な事情に左右され、周りの力関係に振り回され、結局は、あきらめか慰めに沈むことになるのです。そうした個人的な「私」を破って私の上に名告《なの》りでた仏道が、私を支え、うながし、歩まし続けるのです。「安立《あんりゅう》」とは、仏の智慧の上に安んじて自己自身は在るということです。

仏滅後《めつご》の衆生は、自らのなす業《ごう》によって、自らを焼き、周りも焼き、世界中も焼き尽くすような悪業による業火《ごうか》が、「三千大千世界に充満《じゅうまん》」（『大経』下巻）する濁世の状況の中にいます。ところが、業火の燃え盛る世界の中にいながら、痛くも熱くも思わず、自分が燃やし続けている当事者《とうじしゃ》とは思ってもみないのです。

私たちは環境とともに生まれ育っています。その切ることのできない関係を、仏教では「縁《えん》」と言ってあります。自然が縁になり、人間が縁になってこの人間世界が成り立っています。その業縁の五濁悪世にあって、釈尊は「世間難信《せけんなんしん》（世間の尺度では了解できない）の法」を説かれ、その仏の法が「まさしく五濁の時の興盛《こうじょう》を治《じ》す」（『法事讃』真聖全一・六〇四頁）と諸仏によって讃嘆されているのです。業火の燃える中にあって、自分も燃やしていることに気づかされるのは仏の法によるのです。五濁の世であり、五濁の身であることに目を覚ますには、五濁を超えた仏の智慧によらねばなりません。その真実の目覚めのことを、「仏の名号を聞く」と言われるのです。

名号を聞き、思わぬかたちで出遇った仏法（真実）に歓喜した信心（目覚め）は、業火の中にあっても焼かれることはないのです。この名号による真実の信心がその人を守り、他の人びとも守っていくことになるのです。その焼かれることのない如来の信心に生きることを、釈尊は東の岸より「行け」と発遣《はっけん》されるのです。

二三、自己自身を信知する

（一九）「仁者《きみ》ただ決定《けつじょう》してこの道を尋《たず》ねて行け、必ず死の難なけん。もし、住《とど》まらばすなわち死せん」と。

訳文
「仁者《きみ》、心を定めてこの道を尋ねて行くがよい。決して死の難などはない。もし、ここに立ち止まったら、それこそ死ぬほかはない」と。

「この道を尋ねて行け」とは、仏・法・僧の三宝に帰《き》することです。三宝に帰するとは仏法に生きることであり、「浄土に生まれんと願う」ということです。浄土を願うというと、現実から逃避することのように思われますが、そうではなく、浄土によってこの世、この身がはっきり知らされるのです。三宝に帰することによって、凡夫である人間に、「仏（人）に成る」という生き方が成り立つのです。「行け」というのは、わが身・わが心を頼みとする心を離れて仏道の心に立て、という勧《すす》めです。自己関心の満足ではなく、仏法に生きることが「この道を尋ねる」という意味です。

「この道を尋ねて行く」ところに開かれるのは、「自己自身に遇う」ということと、同時に、自分自身を知ることになった「仏に遇う」ということです。深心釈《じんしんしゃく》で善導は、

一つには決定して深く、「自身は現にこれ罪悪生死《ざいあくしょうじ》の凡夫《ぼんぶ》、曠劫《こうごう》よりこのかた、常に没《もっ》し常に流転《るてん》して、出離《しゅつり》の縁《えん》あることなし」と信ず。

（「散善義」深心釈　真聖全一・五三四頁）


と、罪悪生死の凡夫であり、自分を立てることで迷いを重ねてきた自身を受け止めておられます。これは「機《き》の深信《じんしん》」と言われ、人間の心理上の罪悪感を意味するものではなく、人間の真実の姿を言い当てられたものです。機の深信は、人間の理知で罪悪を反省することではなく、「決定《けつじょう》して深く」と言われているように、如来の智慧によって自身を深く信《しん》

知《ち》するということです。仏の法によらねば罪悪感に落ち込むことになり、自分を責めたり裁くことになって、自分への固執《こしゅう》を超えることにはならないのです。

さらに善導は、法に照らされた自身を、『往生礼讃』に、
自身はこれ煩悩を具足《ぐそく》せる凡夫、善根薄少《ぜんこんはくしょう》にして三界に流転して火宅《かたく》を出でず、と信知す。

（『往生礼讃』真聖全一・六四九頁）

と言い、煩悩具足の凡夫であるわが身の在りようが深く信知されています。これは自分自身の限界を知ることによって、限界を超えて助かることになるという意味です。

私たちがさとりを得ることができず、流転を重ねてきたのは、名利《みょうり》の心や環境に問題があるのではなく、「出離《しゅつり》の縁」が自分にあるとしてきたこと自体が、実はあり得なかったということです。流転の理由は、迷いの業の身と離れずにある「念仏の法」を知らないことにあるのです。念仏の法によって、初めてわが身の正体を深く知ることになり、自分自身に深く納得がいくのです。

私たちの理解力とか実践力では「生死を離れる」ということに結びつかないからこそ、仏は浄土を建立して私たちを迎え取ろうという願を発されたわけです。如来因中《いんちゅう》の行が「真実」であるから、私たちの自分の力では出離の縁が「あることなし」なのです。自力の解行《げぎょう》（理解力と実践力）に立つことは、如来因中の真実の行を「疑っている」ことを意味

します。しかし、自力を励むことが疑いであるということは、如来の真実との出遇いによってこそ知れることです。如来の行との出遇いによって自己自身が信知され、「常に没し、常に流転」している在り方が、そのまま弥陀に大悲されているのです。

釈尊が「行け」と勧められるのは、「わが身の事実に立ち返れ」ということです。私たちは、迷うほかないという存在であることに全く昏《くら》いのです。昏いために、やる気さえ起こせば「何とかなる」と自分の力を信じているのです。その疑ってもみない自信が、如来の真実への「疑い」なのです。仏の法は、「できるかできないか」ではなく、「目覚めるかどうか」が肝要なのです。そのことが、今、釈迦如来の浄土往生の勧めによって、弥陀の大悲心に触れ、自分への昏さというものが知らされ、晴らされていくのです。

「死の難なけん」とは、分別心に立つ自分の正体が知らされ、本願による真の自己に目覚めれば、もはや死に怯《おび》えることはないという意味です。私たちは分別を立場にして、執着で固めた自分が壊れることを恐れているのです。形ある自分が無くなることが恐いのです。しかし、念仏の法に生きることは、固めた自分への執着という壁が破られるので、「死」の懼《おそ》れに惑《まど》わされることはないということです。

「死せん」とは、もし、念仏の法ではなく、自分の考え、価値判断、好き嫌いの感情で自分を固めるような元の在り方に戻れば、身動きできないことになるということです。

二三、根源関係を開く大悲心

（二〇）　また西の岸の上に人ありて喚《よぼ》うて言わく、

訳文
また、西の岸の上に人がおられて、この人を喚《よ》んで言う。

西岸からは、「西岸」とは「すなわち極楽宝国《ごくらくほうこく》に喩《たと》う」とあり、そこからの喚ぶ声が示されています。「西の岸の上に人ありて喚う」とは、「すなわち弥陀《みだ》の願意《がんい》に喩う」とあり、真如法性《しんにょほっしょう》の法自身の「はたらき」が阿弥陀仏の招喚《しょうかん》の声、と喩《たと》えられています。

善導は「本願加減《かげん》の文」と言われる文でもって、「報仏報土《ほうぶつほうど》」ということを明らかにされています。阿弥陀仏の浄土が報土《ほうど》であるという意味は、私たちが作り上げる世界、私たちが思い描く理想の世界ではなく、また、山や川があるようにあるのではなく、本願に報《むく》いて現れる世界ということです。報土《ほうど》とは、どこかに有るということではなく、私たちが「本願に帰《き》する」ということを成就するかたちで現れ、開かれてくる世界ということです。私たちが立場にしている、分別《ぶんべつ》（思い）の闇《やみ》を破るかたちで開かれるということです。

善導の四十八願の了解は、「一一の願に言わく」とあって、第十七願・第十八願の願意が一つひとつの願の中身になっているということです。根本となる二願が、四十八の願を成り立たせているということです。

第十七願は『大経』に、

たとい我《われ》、仏を得んに、十方世界の無量の諸仏、ことごとく咨嗟《ししゃ》して、我《わ》が名を称せずんば、正覚をとらじ。

（『仏説無量寿経』巻上　真宗聖典一八頁）


とあり、名号（わが名）をもって衆生を摂取《せっしゅ》するという心が示されています。諸仏に「弥陀を称讃《しょうさん》する」よう求められているのは、諸仏による弥陀の称讃が衆生の「目覚めの手がかり」になるようにと願われたということです。「称名《しょうみょう》」ということを、あらゆる行の中から選択《せんじゃく》されたのは衆生のためですから、「我が名を称する」衆生であってほしいと、諸仏に向かって願われているのです。

その願いに応えた諸仏とは、善導においては「十方恒沙《ごうじゃ》の仏」（『帰三宝偈』）と讃えられています。「恒沙の仏」とは、ガンジス河の砂の数ほどの諸仏ということです。数の多さは、いかなる衆生も仏の教化《きょうけ》と無関係の者はいないという意味です。

第十八願は『大経』に、

たとい我、仏を得んに、十方衆生、心を至し信楽《しんぎょう》して我が国に生まれんと欲《おも》うて、乃《ない》至《し》十念せん。もし生まれずは、正覚を取らじ。唯五逆《ただごぎゃく》と正法《しょうぼう》を誹謗《ひほう》せんをば除く。

（『仏説無量寿経』巻上　真宗聖典一八頁）


と説かれています。とくにこの願にのみ「若《も》し生まれずば」とあり、また、「唯五逆《ただごぎゃく》と正法《しょうぼう》を誹謗《ひほう》せんをば除く」とあって、衆生との関わりの深さが示されています。衆生が「我が国に生まれる」ことをもってわが正覚となすということです。その衆生とは「唯除《ゆいじょ》五逆《ごぎゃく》、誹謗正法《ひぼうしょうぼう》」とあって、縁によってはどんな反社会的なことをするかもしれない者のことであり、家庭環境のありようによっては起こり得る父母等を殺傷する者のことです。

そのもとには仏法僧の三宝など、どこにもないとする「正法の誹謗」があるということです。それらの者を「唯《ただ》、除く」とあるのは、五逆（家庭内犯罪、社会的犯罪）を可能性として抱え、本願を疑い、わが思いを中心に生きている私たちの在りようを、一点の曇りもなく、徹底して知らせているということです。しかし、この「唯、除く」のことばには、弥陀の大悲《だいひ》の心がこめられていて、阿弥陀仏は、私たちが欲の煩悩の身であり、迷う業の身であることを悲しみ、その身の事実を無条件で受け入れる慈悲（愛）を示されているのです。

阿弥陀仏の浄土は、真実・清浄《しょうじょう》の業によって建立された仏国土《ぶっこくど》ですから、娑婆世界《しゃばせかい》と言われる私たちの業縁《ごうえん》の世界とは異質《いしつ》の世界です。業縁の世界と離れずに、しかも異質ですから私たちのこの身・この世の目覚めになるのです。この清浄の世界からのはたらきが名号と言われ、その目覚めが信心と言われるのです。業縁に悩み苦しむ私たちに真実・清浄の世界があることを知らせ、そのことをもって、この世に執着《しゅうちゃく》し、「私」に立つ分別の立場を仏道に翻えさせるのです。

「西の岸の上に人ありて喚《よ》ばう」ということは、阿弥陀仏の「名」が、衆生を教化《きょうけ》し、さとらせる本願の行となって衆生の上に自身の目覚めを実現するということです。現在ばかりでなく、過去も未来も迷う在り方をしている身が、如来に遇うことによって新たな自己自身が生まれ、今までの分別に立つこの身が転じられるのです。

二四、本願の内なる自己に遇う

(二二)「汝《なんじ》一心に正念《しょうねん》にして
直ちに来《きた》れ、

訳文
「汝《なんじ》、一心にして直ちにこの道を進んで来るがよい」

「汝」とは、如来の眷属《けんぞく》としての汝であり、今までの自分が初めて如来より「汝」と喚《よ》ばれたということです。「一心に正念に」とは、如来の真実心によれということです。第十八願の「至心《ししん》・信楽《しんぎょう》・欲生《よくしょう》」の如来の三心《さんしん》によるということです。「直ちに来れ」とは、「即《そく》」ということで、わが心に立っての「諸の功徳《くどく》を修して」（第十九願の意）とか、「諸の徳本《とくほん》を植《う》えて」（第二十願の意）という方便《ほうべん》の仮門《けもん》にとどまらせないという意味です。本願に方便という手だての願が設《もう》けられたのは、第十八願の「無条件で迎えとる」という弥陀の大悲心に気づかせるためです。
その弥陀の招喚《しょうかん》が「西の岸の上の人からの声」と喩えられ、「この道を尋ねて行く」決断のところに如来の心である「信心」が生まれてくることが表現されています。その新しく生まれる自己の事実が「法《ほう》の深信《じんしん》」と言われ、
二には決定《けつじょう》して深く「かの阿弥陀仏の四十八願は衆生《しゅじょう》を摂受《しょうじゅ》して、疑いなく慮《おもんぱか》りなくかの願力に乗じて、定んで往生を得《う》」と信ず。（「散善義」深心釈　真聖全一・五三四頁）
と示されています。「かの願力に乗じて」というのは、念仏によって、自分は「出離の縁あることなし」の身であると知らされたことが、そのまま、限界を超えた弥陀に大悲《だいひ》されていることであり、念仏によって助けられたということとの意味です。
法の深信は、自分が弥陀の「願力」を深く信ずるということではなく、「かの願力に乗

じて」いる「自己自身」に目覚めるということです。この目覚めによって、罪悪生死の自身に深く納得がいくということです。

この信心として成就する本願の「教化《きょうけ》（目覚め）のはたらき」を明らかにされたのが、南無阿弥陀仏の「六字釈《ろくじしゃく》」です。南無阿弥陀仏ということは、仏の衆生への呼びかけです。ことばを超えた真如法性《しんにょほっしょう》が、悲願《ひがん》のかたちをとったものです。

善導は、「南無阿弥陀仏」というのは「帰命無量寿覚」であると言われます。南無阿弥陀仏は「目覚め」のはたらきであって、呪文《じゅもん》のように、ことばそのものに摩訶《まか》不思議な力があるのではないということを先ず明らかにされます。そしてさらに、

「南無《なむ》」と言うは即ち是れ帰命《きみょう》なり、亦是れ発願回向《ほつがんえこう》の義なり。「阿弥陀仏《あみだぶつ》」と言うは、即ち是れ其の行《ぎょう》なり。斯の義を以ての故に必ず往生《おうじょう》を得《う》。

（「玄義分」真聖全一・四五七頁）


と、名号の意義が明らかにされています。衆生の教化《きょうけ》のために因も果も成就されたのが南無阿弥陀仏ということです。衆生に仏になることを実現する行ということです。

「南無と言うは即ちこれ帰命なり」と、「言」という字がつくのは、仏が説かれた仏言ですから、法性真如《ほっしょうしんにょ》の「言《ことば》」であるということです。それと同時に、阿弥陀仏の名は衆生の目覚めの歴史を現に形成しているという意味です。

「帰命《きみょう》」ということは、衆生に生じた「如来の心」という意味です。帰命は本願が成就《じょうじゅ》したことの事実に頷《うなず》くことですから、その頷きは如来の心を意味しています。私たちが自分と言っている自分は、どこまでも自分の分別（計らいの心）を根拠にしていますから、分別で分別を否定することはできません。しかし、如来の智慧による「うなずき」とか「目覚め」は分別を破る意味をもっているので、帰命として起こると言われるのです。

また、帰命は同時に「発願回向《ほつがんえこう》」であると言われます。「発願《ほつがん》」というのは願を発すことであり、その願は「浄土に生まれん」と願うことですから、願生《がんしょう》と言われます。願生は、浄土に私たち衆生を迎え取ろうという仏の願に応じて、その世界に生まれたいと願うわけですから、根拠は仏願力にあります。そのことを、「阿弥陀仏と言うは其の行なり」と言われるのです。私たちに帰命ということが起こるのも、浄土に生まれたいと願うことも、阿弥陀仏の願力によるということです。「南無阿弥陀仏」は、本願が私を目覚めさせ、うながし、歩ませるかたちで「仏まします」ということを実現しているのです。

親鸞は、「『帰命』は本願招喚の勅命なり」（『教行信証』行巻）と言われます。内なる絶対命令には、否応《いやおう》なしであって、我がはからいの入る余地《よち》すらないということです。善導は、「一心に正念にして直ちに来れ」の言《ことば》に新しい自己を聞き取られたのです。

二五、如来の呼びかけに生きる

（一二一）　我よく汝《なんじ》を護《まも》らん。

訳文
「私はすべてをもって、あなたを護りましょう」

二尊による発遣《はっけん》（行けとの勧め）と招喚《しょうかん》（来《きた》れとの招き）によって、人は仏道を歩む者として実存するのです。それが「信ずる」ということであり「乗ずる」ということです。本願から生まれ、願心を志として立つ自己自身が生まれることとです。行者《ぎょうじゃ》としての実存を成り立たせる発遣と招喚は、呼びかけとしては同時の声です。発遣は状況から、招喚は根源からの呼び声です。この外からの発遣と内からの招喚の声によって、人間は自分の分別心に立つ「私」を超え、この声に本来の自己自身を見出すのです。

「我よく汝を護らん」という声は、阿弥陀仏と私たち凡夫との根源関係が「念仏の衆生を摂取《せっしゅ》して捨てたまわず」の関係であり、それが「汝を護らん」と表現されているのです。浄土から阿弥陀仏が「汝」と呼びかけ招喚しているということの意味は、迷うことよりほか知らなかった自分を知らされ、仏に目覚めたところの新たな自分自身が始まるということです。如来に遇うことによって、今までのこの身が仏道に転じられるのです。私たちを呼びさまし、呼び起こすことによって、念仏の行者として「護る」ということです。目覚めさせるのは、私たちが煩悩具足の凡夫であり、曠劫来流転している愚痴の身であるということです。その目覚めにおいて、愚痴の身と離れずにある如来の願心を「志《こころざし》」としている「真の主体」に気づかせるのです。

「汝を護らん」の「汝」については、善導は本願加減《かげん》の文で、「当《まさ》に知るべし、本誓重願《ほんせいじゅうがん》虚《むな》しからず」（『往生礼讃』）と言い、本願が成就して信心として「自己自身」が生まれ、護られていると言われます。親鸞は、「汝《なんじ》」の言は行者《ぎょうじゃ》なり、これすなわち必定《ひつじょう》の菩薩と名づく、龍樹大士《りゅうじゅだいじ》の『十住毘婆沙論《じゅうじゅうびばしゃろん》』に曰《い》わく「即時入必定《そくじにゅうひつじょう》」となり。曇鸞菩薩《どんらんぼさつ》の『論《ろん》』には「入正定聚之数《にゅうしょうじょうじゅしじゅ》」と曰《い》えり。善導和尚《ぜんどうかしょう》は「希有人《けうにん》なり・最勝人《さいしょうにん》なり・妙好人《みょうこうにん》なり・好人《こうにん》なり・上上人なり」・「真の仏弟子《ぶつでし》なり」と言えり」（『愚禿鈔』真宗聖典四五五頁）と言われています。煩悩成就の身、愚痴の身に「真の仏弟子」という目覚めを開く。それが「汝」という呼びかけであると解釈されています。

「護《まもる》」ということについては、本願成就の信心をもとに、私たちの生活の場で、仏道の歩みが実現することであると言われます。回向発願心釈《えこうほつがんしんしゃく》によると、

又、回向発願《えこうほつがん》して生ずる者は、必ず決定《けつじょう》して真実心の中に回向したまえる願を須《もち》いて得生《とくしょう》の想《おもい》を作《な》せ。この心深信《じんしん》せること、金剛《こんごう》のごとくなるに由《よ》りて、一切の異見・異学・別解《べつげ》・別行の人等《ら》のために、動乱破壊《どうらんはえ》せられず。

（「散善義」回向発願心釈　真聖全一・五三八頁）


と述べておられます。「決定して真実心の中に回向したまえる願」とは、光明無量《こうみょうむりょう》（第十二願）・寿命無量《じゅみょうむりょう》（第十三願）の真実であり、その真実が「若《も》し生まれずば正覚を取らじ」（第十八願）との如来の回向心《えこうしん》（真実心のはたらき）であるということです。

南無阿弥陀仏の功徳《くどく》は、誰もが、仏の光明（智慧）によって自身を得、仏の寿命（慈悲）によって生き返りを得て、この現実がより深く、より広く、より豊かに生きられるということです。私たちが「浄土に生まれん」と願うところに、「生まれる」ことが私たちの生活の場で実現（必得往生）することです。執着の心が開かれることです。願う心は私たちの煩悩の心ではないという意味で「金剛《こんごう》のごとし」と表されています。

浄土を願う心は、私たちの希望とか期待の心ではなく、人間の上に起きた如来の心です。如来の「わが国」から開かれてきた招喚《しょうかん》の悲心です。その如来の心がその人その人を促し、歩ませるのです。その「必ず往生を得る」ことの「得生《とくしょう》の想《おもい》」は、私たちの現実の生活の上では、如来の大悲心によるところの「正定聚《しょうじょうじゅ》に入る」ことであると言われます。

「我《われ》よく汝を護らん」の「よく（能《よく》）」ということは、もともと私たちは、浄土に生まれたいという願いを持っているわけではないということです。浄土に生まれたいと思わない者に、浄土に生まれたいと願う心を呼び起こすことによって、限りのない欲でこの世に執着している自分に目覚めさせ、離れさせるということです。「能」とは、そのために本願が発されているということです。「護られる」ということは、「自在《じざい》（真の自由）」とか「無《む》等等《とうどう》（真の平等）」と言われる如来に属する功徳が「汝（信心の人）」にあらわれ、身動きのままならぬ現実にあって、安んじて立ち上がりを得ることになるということです。

二六、仏心の光に護られる

（二三）　すべて水火の難に
堕《だ》せんことを畏《おそ》れざれ」と。

訳文
「水火の難に堕《お》ちることを畏れることはない」と。

阿弥陀仏に護られるということは、南無阿弥陀仏に具《そな》わっている如来の願行《がんぎょう》（本願とそのはたらき）が、そのまま念仏往生の道を歩む人の功徳となり、支えになるということです。それゆえに、貪欲《とんよく》・瞋恚《しんに》の煩悩に自身を損《そこ》なうこともなく、世間道《せけんどう》に沈むということもないのです。

「水火の難」と言われているのは、白道の歩みにおいて見出されるものであって、私たちの一番深いところでの執着である「われ在り」に基づく貪愛の心、瞋憎《しんぞう》の心のことです。貪愛《とんない》と言われるのは、欲望の満足と自己保身のためには、人でも物でも宗教でも、何でも利用しようとする凄《すさ》まじい心です。瞋憎は、自分が否定されたり、ないがしろにされたりすることの腹立ちのあまり、他の立場を認めようとせず、怒りの心で相手方を逆に否定し、消し去ることとで自分を守ろうとする心です。

白道の歩みにおける「水火の難」は、仏の光明である十二光によって、「この光に遇《もうあ》えば、三垢《さんく》消滅し、身意柔軟《しんいにゅうなん》にして、歓喜踊躍《かんぎゆやく》し善心《ぜんしん》を焉《ここ》に生ず」（『大経』上巻　真宗聖典三〇頁）と説かれ、貪愛の心は「清浄光《しょうじょうこう》」によって、瞋憎の心は「歓喜光《かんぎこう》」によってそれぞれ転じられていくのです。ですから、「水火の難」を畏れることはないのです。

善導は、この「水火の難」と言われる執着の闇を破って、「必ず往生を得る」ということが「得生の想《おもい》」であると言い、この心深信《じんしん》せること、金剛《こんごう》のごとくなるに由《よ》りて、一切の異見・異学・別解《べつげ》・別行の人等《ら》のために、動乱破壊《どうらんはえ》せられず。（「散善義」回向発願心釈　真聖全一・五三八頁）
と言っておられます。得生の想いは自他の関わりという現実の生活の場で、自己の全体が「願心に生きる」姿勢になるということです。その白道の歩みは如来の真実によって成り立つものですから、「一切の異見・異学・別解・別行の人等のために、動乱破壊」されることがないということです。このことは反面、現実の生活にあっては、願往生《がんおうじょう》の歩みが平穏なものではないことを表しています。
念仏の道に生きる人は、いろんな妨難《ぼうなん》のある中にあっても、阿弥陀仏によって護られるということを、善導は、
ただ阿弥陀仏を専念する衆生ありて、かの仏心《ぶっしん》の光、常にこの人を照らして摂護《しょうご》して捨《す》てたまわず。（『観念法門』真聖全一・六二八頁）
と言われます。白道を歩む人は、「かの仏心の光」によって「摂護《しょうご》」されるということです。
この文の意味を親鸞は、『一念多念文意』で、
まもるというは、異学異見《いがくいけん》のともがらにやぶられず、別解別行《べつげべつぎょう》のものにさえられず、天魔波旬《てんまはじゅん》におかされず、悪鬼悪神《あくきあくじん》なやますことなしとなり。（『一念多念文意』真宗聖典五三八頁）

と解釈されています。異学異見《いがくいけん》と言われる、仏教以外の思想からの妨害や非難によって破られることはないということです。また、別解別行《べつげべつぎょう》と言われる同じ仏教徒であっても、自力の立場からの非難や批判によって、念仏の道が妨げられることはないと言われます。そして、世間の幸せを求める私たちを虜《とりこ》にして、魔の眷属《けんぞく》に組み込んでいく「天魔波旬《てんまはじゅん》」にも侵《おか》されず、「命根《みょうこん》を奪う」ものとされている悪鬼悪神によって、病とか死の恐れに悩まされることはないということです。

白道の歩みは、私たちの貪欲・瞋恚の煩悩に乱れる心、外からの群賊・悪見の人たちによる惑乱の中で、その動き乱れる心が仏道に転じられていくのです。私たちの煩悩・悪業の身と離れずにある仏の智慧によって、貪愛・瞋憎のもつ深い闇が自然《じねん》に晴らされていくのです。真に「ある」ものは如来であって、「われあり」ではないということを知らされ頷くことで執着の闇が破られるのです。仏心において、何物にも隷属《れいぞく》せずに独り立ちできるということです。仏の光明により「水火の難」と言われる執着の闇が照らし出され、仏心により独立を得るゆえに、畏《おそ》れることはないということです。

仏の光明により貪愛・瞋憎の執着の闇が除かれ、仏心が存在の大地となるゆえに、本当の意味での人間が生まれるということです。

二七、疑いや怯えに惑わされない

（二四）　この人すでに此《ここ》に遣《つか》わし彼《かしこ》に喚《よば》うを聞きて、
すなわち自ら正《まさ》しく身心に当たりて、
決定《けつじょう》して道を尋《たず》ねて直ちに進みて、
疑《ぎ》怯退心《こうたいしん》を生ぜずして、

訳文
この人は、東の岸からは「行け」と励ます声があり、西の岸からは「来《きた》れ」と喚《よ》ぶ声を聞き、深く自身を受け止め、疑いや怯《ひる》むことなく歩むこととなる。

白道を歩む人は、「真実信楽《しんじつしんぎょう》のひとをば是人《ぜにん》ともうす」（『一念多念文意』真宗聖典五三八頁）と言われます。自ら物となり、何かに隷属することを余儀なくされ、仕方なく生死に埋没している人間が、念仏の道に起ち上がる人になったということです。それを善導は、
仰《あお》いで惟《おも》みれば、釈迦はこの方より発遣《はっけん》し、弥陀はすなわちかの国より来迎《らいこう》す。彼《かしこ》に喚《よ》び此《ここ》に遣《つか》わす、あに去《ゆ》かざるべけんや。（「玄義分」序題門　真聖全一・四四三頁）
と、自らの信念として表明されています。
仏の教化《きょうけ》ということは、私たちに、行き先も自分の正体も不明であるということを、私たち自身に認識《にんしき》させることにあるのです。私たちは自分についてわかったつもりになっていますが、肝心の自覚《じかく》ということが全く欠けているのです。そこに生死が超えられない理由があるのです。自覚とは、念仏の法によって教えられて知らされるということです。
私たちに起こる願往生の心は、そのままが私たちの求めに先立つ如来の「かの国より来《らい》迎《こう》す」という弥陀の本願によるものです。親鸞によれば、「来迎《らいこう》」ということは、本願による仏道、「正定聚《しょうじょうじゅ》の位《くらい》に定《さだ》まる」（『唯信鈔文意』）ことであると言われます。
如来によってすでに発願されているが故に、私たちにあっては、決定《けつじょう》して進むところの「願生心《がんしょうしん》」となって、私たちを支えているのです。その如来の心は、私たちの「疑い、怯《おび》え、退《しりぞ》き」の心とは質が異なるところから、「疑怯退心《ぎこうたいしん》を生ぜず」と言われます。

善導は、仏法による立ち上がりを「金剛の志を発《おこ》して」と言われ、
共に金剛《こんごう》の志を発《おこ》して、横《おう》に四流《しる》を超断《ちょうだん》し、弥陀界《みだかい》に願入して、帰依《きえ》し合掌《がっしょう》し礼《らい》したてまつれ。

（『帰三宝偈』真宗聖典一四六頁）

と、仏法に帰依せよとおっしゃいます。本願の心に立つこと、本願に乗ずることは、本願によって成り立つことですから「共に」と言われます。本願の行によって一切が成り立ち、「横《よこさま》に四流を超断する」という自覚による超え方が示されています。「横超《おうちょう》」とはそのままの超え方で、欲《よく》（欲望）・有《う》（生存）・見《けん》（邪見）・無明《むみょう》（痴闇《ちあん》）の「四流《しる》」のわが身であることとの、仏の智慧による目覚めのことです。不安・恐れの状況に打ちひしがれる中にあって、この生死の現実をより深く、より広く生きることの「志《こころざし》」に立たせるのが本願力です。その「金剛の志」の頷《うなず》きが「願入《がんにゅう》」と言われ、自己自身が歩みとなるということです。そして、「帰依合掌礼《きえがっしょうらい》」のところに開けているのが「弥陀界《みだかい》」ということです。

私たちに起こる「決定して道を尋ねる」ところの願往生の心は、そのままが私たちの求めに先立つ如来の「我が国に生まれんと欲《おも》え」という欲生心《よくしょうしん》によるものです。

私たちにあっては、「私」と決めているものを揺《ゆ》るがすのが疑いと恐れです。それは如来の智慧によって知らされることですが、疑いとか恐れが、いろいろな外側の事柄によって生じているとするのが仏教以外の教えです。これに対して、疑いとか恐れは自分の身の

事実のところに生ずることですから、この疑いとか恐れということに大事な意味を見ているのが念仏の教えです。私たちにとっては、疑いとか恐れは最も嫌なものですが、縁起という真実の法に反して「私」を立てているために、揺らぐのが当たり前なのです。縁の身を生き、縁の心を生きていながら、揺るがない自分といっても無理なことです。

念仏の法は、人間の「罪悪生死《ざいあくしょうじ》の凡夫《ぼんぶ》」という真実の姿を人間自身に見せ、うなずかせることによって、真実・清浄の「法の身」が「機《き》」を離れずにあることを知らせるのです。「機《き》」とは、縁に触れて発動する衆生の生来的な能力のことです。弾《はず》む機の存在を「我が身」として生きているのが私たちです。そのかぎりにおいて、怖れ、不安、疑いを離れることがないのです。つまり、身の事実のところに起こるのが出来事ですから、命終わるまで問題を抱え、どのような安定ももたらされないということです。そのことを明らかにしている真実の法が、阿弥陀仏の因中の行であり、目覚めのことばとなった南無阿弥陀仏です。

念仏の教えは、人間を眠らせて安心させる教えではなく、揺らぐ「自分」を安定させるために悪戦苦闘《あくせんくとう》してきた人間の歩みの中に、何がそうさせたのかを知らせ、わが身に頷《うなず》くことで機は定まることを明らかにしているのです。念仏の法により自身に深く納得がいくことを、「疑《ぎ》怯退心《こうたいしん》を生ぜず」と言われるのです。

二八、引きずっている自力の思い

（二一五）　あるいは行くこと一分二分《いちぶんにぶん》するに、
東の岸の群賊等《ぐんぞくら》喚《よぼ》うて言わく、

訳文
こうして一歩、二歩と進むうちに、東の岸の群賊等が、この人に喚びかけてくるのである。

本願の「まこと」を生きる一歩一歩のところに、世間から元の日常性に「戻れ」と呼び返す声があるのです。
「あるいは行くこと一分二分す」とは、「年歳時節《ねんさいじせつ》に喩うるなり」と言われ、発遣《はっけん》（行けとの勧め）と招喚《しょうかん》（来れとの招き）によって歩んでいるにもかかわらず、年月がたつと、道を得たという「自負心《じふしん》」に、自分意識の故郷である「東の岸」から群賊等が呼びかけてくるのです。白道に帰しても、自力の思いを引きずっているということです。
人間が流転し、苦悩している理由は仏の法への疑いであると言われます。仏の法への疑いとは、仏法ではなく自分の理知分別を立場にすることです。わが計らいでわが力をあてにすることとです。その仏法への疑いの心に、群賊等が「喚う」と言うのです。
私たちがなぜ生死の問題で苦悩するかといえば、「私」というものを無意識のうちに立てていることに原因があるということです。曇鸞はそうした在り方を、「尺取虫《しゃくとりむし》が修環《しゅうかん》する如く」、「蚕繭《さんけん》が自縛《じばく》する如く」と表現されています。そして、そのような在り方を痛み悲しまれた如来は「荘厳清浄功徳」の安楽浄土を起こされたと言い、
衆生を不虚偽《ふこぎ》の処に、不輪転《ふりんてん》の処に、不無窮《ふむぐう》の処に置いて、畢竟《ひっきょう》安楽の大清浄処《だいしょうじょうしょ》を得しめんと欲《おぼ》しめす。（『浄土論註』真聖全一・二八五頁）
と、如来の悲心が讃嘆されています。縁起の道理に反して立てた「私」が「虚偽《こぎ》」であり、

その「私」が倒れないように、壊れないように、無視されないように悪戦苦闘することが「輪転《りんてん》」であり、計らった通りにならないといっては計らいを重ね、果てしなく「私」を立て続けることが「無窮《むぐう》」と言われます。この虚偽・輪転・無窮の閉塞《へいそく》構造の底が破られることが、「称名《しょうみょう》」のはたらきであるということです。

そして、そこで曇鸞は、私たちの心に本質的な「疑い」があることを、

然《しか》るに、名《みな》を称し憶念《おくねん》すること有れども、無明由《なお》存して所願《しょがん》を満てざるはいかん、

（『浄土論註』真聖全一・三一四頁）


と、信の問題が取り上げられています。念仏すれども、一向に恐れ・不安・疑いの心が晴れないのは何故なのかと。このことは、如来の行としての念仏の法はすでにあるのに、それをわが身に頂くことがなかなか容易でないということです。善導によると、その容易でないところに群賊等の動きがまた出てくるということです。

その容易でない理由について曇鸞は、「如来を知らぬ」こと、と「三種の不《ふ》相応《そうおう》」があるからであると言われます。「如来を知らぬ」というのは、尽十方無碍光《じんじっぽうむげこう》如来（阿弥陀如来）は、私たちの期待に添うとか、欲望をかなえてもらうような如来ではないということです。尽十方無碍光如来は、形もなく、色もなく、言葉を超えた法性法身《ほっしょうほっしん》であって、その法性法身が現に私たちに働きかけて根源関係を成《じょう》じているので「報身仏《ほうじんぶつ》」であると言われ

ます。衆生との深い関係性が了解できないことを「如来を知らぬ」と言われるのです。

三種の不相応というのは、念仏の教えは信じても、行《ぎょう》としての「仏」は疑い、自分の思い、計らいに立っているということです。その「疑い」が三つの不相応と言われます。

三つの不相応の「信心淳《あつ》からず」とは、私たちの心が淳心《じゅんしん》ではないということです。念仏に打算の心が入るために、念仏しても相応しないのです。「信心一《いち》ならず」とは、念仏する心に一如という決定《けつじょう》がなく、対象的にとらえる二心《にしん》になっているため、念仏と念仏申す心が一つにならないことです。「信心相続《そうぞく》せず」とは、その時の状況とか事情によって念仏したり、忘れたりするので、念仏が一貫せず相続しないことです。

曇鸞は、このように「三種の不相応」をもって、仏の教化《きょうけ》を受けながら、何故、無明が残るのかを問い、称名念仏は如来の「如実《にょじつ》の行《ぎょう》」であることを明らかにされるのです。私たちが自己関心の心で一生懸命に念仏しても、そのこと自体が「仏の行」を疑い、自分の心に立っているということです。「疑わずに信ずる」といっても、それは私たちの心であって、如来の「真実心」でも「清浄心」でもないということです。

「行くこと一分二分する」というところに、白道の歩みは如来の真実に支えられているため、逆に、「私」を立てての計らいの心を引きずっていることが、はっきりと見えてくるということです。この自力の思いに、悪見の人等が「戻れ」と喚《よ》びかけているのです。

二九、「仏の行」への疑い

（二六）「仁者《きみ》回《かえ》り来《きた》れ。
この道嶮悪《けんあく》なり。
過ぐることを得じ。
必ず死せんこと疑わず。
我等《われら》すべて悪心あってあい向かうことなし」と。

訳文
「仁者《きみ》、引き返して来いよ。この道は険《けわ》しくて悪いから、とても渡ることはできないだろう。死《し》に行くようなものだ。われらは君に悪意があるのではない、親切で言っているのだ」と。

「仁者回《きみかえ》り来《きた》れ」とは、善導は、「別解・別行・悪見の人等」からの「引き返せ」との呼びかけであると言われます。釈尊は「行け」と勧めておられますが、「かの人」たちは反対に「戻れ」と言っています。しかし、その引き戻そうとする誘いを拒絶したり、避けたりすることなく、現実を受け止めて歩むことが釈尊の「行け」との勧めの意味です。

願往生の歩みは、如来によって選択《せんじゃく》された名号《みょうごう》によるのであって、それ以外の行は「雑《ぞう》毒《どく》の善《ぜん》」であり、「虚仮《こけ》の行《ぎょう》」であるとされています。名号によるということは、「今、現に仏まします」ということです。ところが、その信心の事実に頷《うなず》くことができず、わが身・わが心をあてにするのが自力の計らいということです。

わが力に頼って往生を願ってみても、往生は不可能であると言われます。その理由を、
何をもっての故に、正《まさ》しくかの阿弥陀仏《あみだぶつ》、因中に菩薩《ぼさつ》の行を行ぜし時、乃至《ないし》一念一刹《いっせつ》那《な》も、三業の所修、みなこれ真実心の中《うち》に作《な》したまえるに由《よ》ってなり。

（「散善義」至誠心釈　真聖全一・五三三頁）

と、往生不可の理由が如来の「真実」にあるとされています。阿弥陀仏の浄土に生まれる因は阿弥陀仏の真実心による「信心」であって、私たちがどれだけ「頭燃《ずねん》をはらう」ごとく真剣《しんけん》であっても、そのことが因になるのではないということです。

私たちは自分の力によって仏のさとりを得ようとする立場を離れることがありません。

しかし、求めれば得られるという立場の延長上に仏のさとりがあるわけではないのです。その立場が翻《ひるがえ》されてこそ、仏願の心が私たちの上に開かれてくるのです。それを、
おおよそ施《ほどこ》したまうところ趣求《しゅぐ》をなす、またみな真実なり。

（「散善義」至誠心釈　真聖全一・五三三頁）

と述べられています。仏願を信ずる心は仏によって私たちに施《ほどこ》された行（名号）によるのです。その信が浄土に生まれることの因になるのであって、名号の信以外のいかなる善によっても、いかなる行によっても生まれることはできないのです。

信心という「目覚め」は仏の施《ほどこ》す心によるということを、
不《ふ》善《ぜん》の三業《さんごう》は、必ず真実心の中《うち》に捨《す》てたまえるを須《もち》いよ。

（「散善義」至誠心釈　真聖全一・五三四頁）

と言われます。「不《ふ》善《ぜん》の三業」の不善とは、私たちは、自分中心の虚誑《こおう》（うそ、いつわり）の身口意《しんくい》の三業をはたらかせて業縁の世界をつくり上げています。そのために善といっても分別の心が雑ざってしまい、真実の行為にはならないのです。ですから、「如来が捨てたまえるものは捨て、如来が選び取られた名号を須いよ」ということです。「名号を須いる」私たちの信心のところに如来の真実がはたらき、私たちに「罪悪生死の凡夫」であることを目覚めさせるのです。

信心は如来の本願より生じています。それゆえ、如来による願往生の信心は、私たち人間の迷いの業とは質を異にしています。ところが、往生を求めて「わが力」を回向《えこう》（振り向ける）し励むということは、「念仏して浄土に往生せよ」との仏の教えは信じても、仏がすべてを行じて我ら衆生を迎えとるという「仏の行」が信じられないということを表しています。この「仏である行」への疑いが、曠劫以来の流転の原因になっているのです。仏行への疑いとは、どこまでも自分の力をあてにし、自分の計らいをもってこの世・この身に納得しようとすることです。しかし、思うような納得がいかないので、また計らうのです。このわが力を励むという仏行への疑いのところに、悪見の人等が内からも外からも呼びかけ、生死流転の正体に気づかせまいとするのです。

「この道嶮悪《けんあく》なり。過《す》ぐることを得じ」とは、「嶮悪」は、けわしくて悪い道ということです。念仏の道は、賢・善・精進とは反対の「憍慢《きょうまん》（思いあがり）・弊《へい》（疑いで蔽《おお》う）・懈怠《けたい》（なまけ怠る）」を自分に見ることになり、したがって、念仏の力では煩悩を鎮めて生死の大海を渡ることはとても無理であると言っているのです。彼岸に到るには、仏教の常識通り、「六波羅蜜《ろくはらみつ》の行」を行ずべきであると勧めているのです。

「必ず死せんこと疑わず」とは、釈尊は「人間であることの死」を心配されているのに、別解・別行の彼らは、人間のもつ「死の怖れ」をかき立てているのです。

三〇、傷みの心で自力を離れる

（二七）この人、喚《よば》う声を
聞くといえども
また回顧《かえりみ》ず。

訳文
この人は、群賊等の喚《よ》ぶ声が耳に入ってくるけれども、もはや顧《かえり》みることはない。

願に生きる信心の生活は、時代・社会に目をつぶって個人の中にこもることではなく、自己を失わせる出来事が起こってくる状況の中で、招喚《しょうかん》の声において自己自身に帰るということです。別解・別行・悪見の彼等の声を聞き、現実に起こってくる事柄を存在の一大事《いちだいじ》として受け止めていくのです。その歩みが本願の真実を生きるということです。

「喚《よば》う声を聞くといえども」とは、世間では通用する「自力《じりき》の励み」が、「生死を超え離れる」ということにまで入り込み、自己の目覚めの「蓋《ふた》」になっていることが、「一分二分」する歩みの今、見えてきたということです。

親鸞は、仏の「行《ぎょう》」ということに疑念をもつ別解・別行の彼等のことを、「念仏しながら、他力《たりき》をたのまぬなり」と言われ、自力へのこだわりを問題にされています。

自力《じりき》というは、わがみをたのみ、わがこころをたのむ、わがちからをはげみ、わがさまざまの善根をたのむひとなり。

（『一念多念文意』真宗聖典五四一頁）

と言われています。そうしたわが身を「あて」にする自力の励みをかき立てているのが「喚《よば》う声」です。

私たちの自力を励む生活姿勢は、「常《じょう》・楽《らく》・我《が》・浄《じょう》」ということを物差しにして、自分を安定させようとしているところに表れています。しかし、「常楽浄」という法身にある功徳をわが力で獲得しようとするのは、「顚倒《てんどう》（さかさまごと）」であると言われます。自力を励むということは世間では通用します。しかし、あてにしなければならないのがわが身ですから、そのわが身が弱い身体であったり、すぐ弱音を吐くような心であっては困るので、そのために頼み甲斐《がい》のあるわが身・わが心に鍛《きた》えようとしますが、なかなか思うようにはいかないのです。
常楽我浄の「常」とは、よい状態が変わらず続くこと、「楽」とは、楽しく快適であること、「我」とは、自分の思い通りになること、「浄」とは、自分には間違いとか、執着心がないこと、が意味されています。しかし、老病死を抱える身であり、業縁《ごうえん》の渦巻く世間にあっては、常・楽・我・浄であろうとしても、なかなかそうはいかないのです。
この自分の思い通りにしたい「我」について仏教では、「我《が》・我所《がしょ》」という言い方がされています。それは、自分に執着し、自分のものに執着するという意味です。自力の計らいのもとになっている心です。
第十願（漏尽智通の願）の願文には、
たとい我、仏を得んに、国の中の人天、もし想念《そうねん》を起こして、身を貪計《とんげ》せば、正覚を取らじ。（『無量寿経』巻上　真宗聖典一七頁）
と説かれてあり、思い通りの我ということを「身を貪計《とんげ》」すると言われています。
もともと縁起《えんぎ》という法によって意識が成り立ち、物が成り立ち、言葉が成り立っています。にもかかわらず「我・我所」の執《しゅう》に立つことは、縁起の道理を無視したことになります。私たちがひとたびこの「我《が》」の執着に立つとき、我《われ》以外の一切は、自分の欲望を満たすための手段になってしまうのです。そして、自分は物になって沈むのです。

この「我・我所」の深い執着を解き開いているのが「漏尽智通《ろじんちつう》」と言われる如来の智慧です。「漏尽《ろじん》」という意味は、漏《ろ》とは煩悩のことであり、私たちの煩悩には底がないことを自覚させ、その深さにどこまでも応じ、執着を離れさせる仏の智慧を表すことばです。わが身への「想念《そうねん》（妄想の念）」を解き開いているのが如来の智慧です。

白道の歩みにおいて、「かの人たち」の呼びかけの声が聞こえるのは、白道を歩むこの人も同じく自力への執心を引きずっていることを表しています。しかし、「聞くといえども」とあって、念仏の法によってわが身への深い執着の心が知らされ、その保身の愛着心よりも深い大慈悲の心に触れることで、分別心に立つ立場が仏道に転じられるのです。

「回顧《かえりみ》ず」とは、「かの人たち」によって「自力の計らい」が喚び起こされても、わが身への懺悔《さんげ》（他力による傷み）となって超え離れるのです。自力をなくすことではなく、他力（本願力）を頼むことがそのまま自力の計らいを離れたことになるのです。「頼む」ということは他力を「あて」にすることではなく、立場が翻ることです。

三一、涅槃からの道を歩む

（二一八）　一心に直ちに進みて
道を念じて行けば、

訳文
一心に西岸からの道を歩んで行けば、

「直《ただ》ちに」という意味は、弥陀の招喚の呼びかけにより、涅槃からの道を歩むことが定まることです。南無阿弥陀仏の仏道は、仏の「証《さとり》」から開かれている信の道です。その歩みのところに「大涅槃《だいねはん》」が開かれてくるので、善導は、それを「難思議往生楽《なんしぎおうじょうらく》」（『法事讃』）と言われています。本願による「真実証《しんじつしょう》」のことであって、煩悩具足の身にあって、無上《むじょう》涅槃《ねはん》を証《しょう》する往生のことです。無上涅槃とは「弥陀の妙果《みょうか》」（『法事讃』）のことで、白道の一歩一歩に人と人とが平等に響き合う世界が開かれてくるということです。私たちの救いとは、自分にとっての都合がよくなるとか、自分の欲が満足することではなく、自分が生きていける道が見つかり、大地が見つかることです。

従来の聖道の教えでは、菩提心《ぼだいしん》を起こし、六波羅蜜《ろくはらみつ》の行を修し、仏のさとりである仏果に至るというものです。しかし『大経』の釈尊は、「弥陀の本願によれ」ということを勧めておられ、その本願に乗ずることが「道を念じて行く」とあり、そこに大涅槃が開かれるので、そのことを「難思議往生（弘願念仏による往生）」と言われるのです。

本願に乗ずることは本願より起こることであるため、個人的なさとりということを超える意味をもちます。道を求めるのはどこまでも私たちの身の上でのことですが、目的が個人的なさとりではないので、その本願による仏道のことを「正定聚《しょうじょうじゅ》」ということばで表されています。正定聚とは、弥陀の本願海を平等の大地として、その内なる群生《ぐんじょう》を「我等《われら》」

とする、独立した「一人《いちにん》」の「聚《あつまり》」という意味です。本願海の内なる「自身（われら）」ということです。七高僧に代表されるような念仏の人びとの歴史現実です。

善導は、仏願力に乗ずることによって、人間が持ち続けてきた「我《われ》」を立て、わが心に従うという個人的な在り方が超えられたと言われ、
弘願《ぐがん》というは、『大経《だいがんごうりき》』の説のごとし、一切善悪の凡夫、生《う》まるることを得るは、みな阿弥陀仏の大願業力に乗じて、増上縁《ぞうじょうえん》とせざるはなきなり。

（「玄義分」真聖全一・四四三頁）

と言われています。

「弘願というは」とは、「若《も》し生まれずば正覚を取らじ」の第十八願によって往生《おうじょう》を得るということです。「生まるることを得る」ということは、この世は考えられ、つくられた世界であって、実体《じったい》としてあるものはないということを知らされて、この世への執着を超え離れることです。私たちが優劣、善悪を固定したものとして捉《とら》え、自分を身動きできなくしていることから解放され、生死《しょうじ》を超えて、より深くより広くより豊かにこの現実が生きられるということです。

なすべき行をもたず、業縁の中で、優劣とか是非、善悪に振り回され、結局は、仕方なく「あきらめ」に至《いた》る者が、仏のさとりを得るということは、行が如来より回向《えこう》されてい

るからです。念仏という「行《ぎょう》」を与えて、如来と等しい「証《しょう》」をひらくということです。

業縁に振り回されている凡夫に実現する「仏の証《さとり》」について、善導は、

ただねんごろに法に奉《つか》えて、畢命《ひつみょう》を期《ご》として、この穢《え》身《しん》を捨てて、すなわちかの法性《ほっしょう》の常楽《じょうらく》を証《しょう》すべし。

（「玄義分」真聖全一・四四三頁）


と述べておられます。

本願による信心に「生死を離れる（即得往生）」ということが成り立つのです。生死を離れるということは、命が求めていることであるので「畢命《ひつみょう》を期《ご》として」と言われます。穢《え》身《しん》とは、私たちのこの身が、今までに為してきたこと、これからも為すであろうことのすべてが無明の煩悩によるものであって、如来の真実《しんじつ》・清浄《しょうじょう》の業《ごう》によるものではないという意味です。この身・この世が穢《え》身《しん》・穢《え》土《ど》であると知らせているのは仏の智慧によります。「この穢身を捨てて」ということは、如来の智慧によって浄土にふさわしい身が生まれるという意味です。悪業煩悩の穢身のままではなく、悪業煩悩と離れずにある願心に呼応《こおう》する身が生まれ往《ゆ》くということです。呼応するとは、法の真実と機の真実との響き合いのことです。本願による信心は、如来と等しい身であるのです。

煩悩具足の身、迷いの業の身のところにはたらく真如法性が、願心に呼応するかたちをとって生まれる身となり、それが「法性《ほっしょう》の常楽《じょうらく》」を証《しょう》する身と表されています。

三二、自身に目覚め、諸難を離れる

（二一九）　須臾《しゅゆ》にすなわち西の岸に到《いた》りて
永く諸難を離《はな》る。

訳文
たちまちに西の岸に到り、思わぬかたちでもろもろの苦難を離れるのである。

「須臾《しゅゆ》に到《いた》る」ということについては善導自らが解釈され、

「須臾《しゅゆ》にすなわち西の岸に到りて善友あい見て喜ぶ」というは、すなわち衆生《しゅじょう》久しく生死に沈みて、曠劫《こうごう》より輪回《りんね》し迷倒《めいとう》して、自ら纏《まと》うて解脱《げだつ》に由《よし》なし、仰《あお》いで釈迦《しゃか》発遣《はっけん》して指《おし》えて西方に向かえたまうことを蒙《かぶ》り、また弥陀の悲心招喚《しょうかん》したまうに藉《よ》って、今二尊《にそん》の意《おんこころ》に信順して、水火二河を顧《かえり》みず、念念に遣《わす》るることなく、かの願力の道《どう》に乗じて、捨命已後《しゃみょういご》かの国に生まるることを得て、仏とあい見て慶喜《きょうき》すること何ぞ極《きわ》まらんと喩《たと》うるなり。

（「散善義」回向発願心釈　真聖全一・五四一頁）

と、二河譬を総括《そうかつ》するかたちで述べられています。

「須臾《しゅゆ》に」とは、たちまちに、すぐに、という意味です。願心に生きる一歩一歩が念々《ねんねん》に西の岸に到るということです。わが理知分別の心に立つのではなく、私をうながし、歩ませている如来の願心に立つということです。願心は西の岸から来ていますから、一歩一歩が「西岸」に至っているということです。本願による信の中に証《しょう》が開かれるのです。

現実に起こってくる事柄に振り回され、執着の心と癒されぬ心を抱え、生きる意味がわからないままに生きているのが群萌《ぐんもう》とか群生《ぐんじょう》といわれる私たち凡夫です。その凡夫に、「大乗正定聚《だいじょうしょうじょうじゅ》」ということが阿弥陀仏の教化《きょうけ》によって実現するのです。それは、如来の真実によって私たちに「私意識」を離れるということが起こることです。「私」を離れるということは、如来の真実によって「信心（真の主体《しゅたい》）」が生まれ、「私」を固めている計らいの心が自然《じねん》に止《や》むことです。個人的な自己関心から解放され、いのちの業《ごう》を同じくする「一切群生海《ぐんじょうかい》」の心に目覚めることです。煩悩の身、迷いの業をもって生死に沈む凡夫が、念仏の法によって、個人的なさとりを超えて大涅槃に至る身に定まるのです。

現に正定聚に住し、未来に必ず滅度《めつど》に至るということの内容が、『大経』では、

かの仏国土は清浄安穏《しょうじょうあんのん》にして微妙快楽《みみょうけらく》なり。無為泥洹《むいないおん》の道に次《ちか》し。

（『大無量寿経』上巻　真宗聖典三九頁）


と説かれています。「清浄《しょうじょう》」は智慧《ちえ》を表し、自分の姿が一点の曇りもなく鏡に映し出されるように明らかになるということです。そこに照らし出される自分の姿とは煩悩具足《ぼんのうぐそく》の凡夫ということです。「安穏《あんのん》」は慈悲《じひ》を表し、流転《るてん》している者の上に如来の眷属《けんぞく》という認識を開きます。その新しい真の主体が獲得されることが安穏という意味です。この新しい主体が浄土にふさわしい身であり、これにより「私《わたくし》」を離れるのです。

「無為泥洹《むいないおん》の道に次《ちか》し」は、正定聚という位《くらい》は「報土《ほうど》の往生」として開かれるのであって、無為泥洹（滅度）そのものではないとしても、真如法性《しんにょほっしょう》を離れてはいないことを「次《ちか》し」と言ってあります。

その正定聚に住することが、「かの願力の道に乗じて、捨命已後《しゃみょういご》かの国に生まるること

を得て」と言われます。「曠劫《こうごう》より輪回《りんね》し迷倒《めいとう》」してきた「迷《まよ》いの生《しょう》」が終わるという意味です。死んでから後にかの国に生まれるということではなく、「捨命已後」とは、死後ではなく、分別に立つ娑婆の命を捨てて浄土の命を得ることで、「生き返る」という意味です。理知分別の限界が知らされ、頭の下がるいのちの世界に遇い得たということです。「横超《おうちょう》（そのままで超える）」と言われる自覚による「翻《ひるがえ》り」の意味です。

したがって、「永く諸難《しょなん》を離る」ということは、浄土に相応《ふさわ》しい身が生まれ、わが身を知ることによって、この現実がより深く、より広く生きられるということです。私たちは初めから「私」を肯定して生きています。無意識のうちに「私」を立てているのです。その「私」ということを許《ゆる》さないものがあることが怖《こわ》くて嫌《いや》なのです。世間のさまざまな問題は、「私」の肯定を許さないかたちで出てきます。諸難《しょなん》と言われるものは、外からだけではなく、老病死のように内からも出てくるのです。

仏の法は、この世は無常であり、私たちが直接に「私」を肯定することは成り立たないということが道理であると教えています。計らいをもって「私」を立てていることは虚偽《こぎ》であるということです。虚偽の上にいくら計らいを重ねてみても、この身に納得と安心がいかないのです。そうした深い迷いから覚めきらないところに私たちの真の姿があり、そのことに一点の疑いもないという目覚めが、疑いと恐れを永く離れさせるのです。

三三、人生のよき友にめぐり遇う

（三〇）　善友あい見て
慶楽《きょうらく》すること
已《や》むことなからんがごとし。

訳文
多くの善友《よき》に遇い得て、この生死海《しょうじかい》を渡る意義が見出せたことは、尽《つ》きない大きな慶《よろこ》びである。

浄土のいのちを生きる主体とは、私たちの煩悩《ぼんのう》、肉体ではなく、煩悩、肉体を持った私たちのいのちと離れずにある法身《ほっしん》のことです。その法身の頷きが如来より生じた信心と言われ、如来と等しい身と言われるのです。その真実信心が主体となって自利《じり》・利他《りた》の仏道が展開されるのです。法の功徳として恵まれる真実主体のことを『大経』には、
みな、自然虚無《じねんこむ》の身、無極《むごく》の体を受けたり。（真宗聖典三九頁）
と説かれています。主体といっても何か固定的なものがあるわけではないということで「虚無《こむ》」と言い、何も無いということではないので「身《しん》」と言ってあります。それが人為《じんい》的《てき》なものではなく、真如《しんにょ》の法自らが必然的に現れ出てきているので「自然《じねん》」と言われています。
自利《じり》・利他《りた》の仏道が展開されるところに、他の衆生との間柄に、「遠く通ずるに、それ四海《しかい》の内みな兄弟とする。眷属無量《けんぞくむりょう》なり」（『浄土論註』）という関係が開かれるのです。衆生と仏の関係はもともと「一《いち》」であり、その平等の大地において成り立つ衆生の間柄が、「遠く通ずるに」と言われ、本願のまことを生きるところに、善き人に遇い、善き友にめぐり遇うということが成り立つということです。その開かれた間柄が「善友あい見て」と表されています。
曇鸞《どんらん》によれば、安楽世界は「ことごとく大乗一味《だいじょういちみ》にして平等一味」（『浄土論註』大義門功

徳成就）と頂かれ、
かの安楽国土《あんらくこくど》は、これ阿弥陀如来正覚浄華《しょうがくじょうけ》の化生《けしょう》するところにあらざることなし。同《どう》一《いっ》に念仏して別の道なきがゆえに。（『浄土論註』眷属功徳成就　真聖全一・三二五頁）
と了解されています。正定聚《しょうじょうじゅ》の「聚《あつまり》」ということが「大乗一味」と言われ、平等・同一の仏のさとりを根拠にして一人ひとりが絶対の尊厳《そんげん》をもって成り立つということが明らかにされています。「正覚浄華《じょうけ》」は仏のさとりを象徴《しょうちょう》し、その仏の教化《きょうけ》によるということが「化生《けしょう》」と言われます。念仏のところに同一平等の世界が開かれ、そこに生まれる人びとは如来の眷属《けんぞく》であり、無上《むじょう》仏道を歩む「真の仏弟子《ぶつでし》」であるということです。「同一念仏」は、一緒に念仏するということではなく、念仏ということが、同じとか一という意味をもっているということです。
浄土に相応《ふさわ》しい身が生まれることが「化生《けしょう》」と言われ、仏智《ぶっち》により、本願の内なるわが身を深く信ずるという信が因になって、浄土の往生という「化生」という結果が生まれます。因も果も仏によるということです。浄土の往生が「化生」であると言われる意味は、それが実体《じったい》をもった生ではなく、「自覚」を表しています。
これに反して、仏智に疑惑《ぎわく》をもつことは、「化生《けしょう》」に対して「胎生《たいしょう》」と言われています。目覚《めざ》める方向ではなく、まどろむ方向のことです。「七宝《しっぽう》の宮殿《くでん》に金鎖《こんさ》で繋《つな》がれた」（『無量寿経』巻下）状態と喩えられ、わが力、わが心を励む延長上に得られる「さとり擬《もどき》」が「胎生」と言われています。それは仏道を歩む者が現実から目を背け、本願の「転機《てんき》」を自ら逸《いっ》している姿です。真の現実に蔽《おお》いをかけた状態に自己満足していることです。

如来の智慧のはたらきは、私たちに、はからうこと、疑うことのほか知らないものであるという私たちの本質的《ほんしつてき》な限界《げんかい》を私たちに気づかせ、私たちの存在を浄土をもって迎え取られるのです。「はからう」存在である限り、免《まぬが》れ得ないのが「疑蓋《ぎがい》（真実への疑いの蓋）」ということです。その私たちの根本的な理知分別《りちふんべつ》の計らいを、同一念仏の功徳において超えしめられるのです。

同一念仏による人間の間柄《あいだがら》については、私たちは業縁《ごうえん》を生きているので、初めから通じ合い、響き合う豊かな関係を深いところで願っています。ところが、実際の生活では、自他の関係が損《そこ》なわれ、壊《こわ》れてしまうようなことをしているのです。

しかし、そうした中で、人間であることの課題《かだい》を荷《にな》う「志願《しがん》（使命《しめい》）」を、同一念仏に賜《たまわ》ることによって、自利《じり》・利他《りた》の関係が円満《えんまん》していくのです。同一であることにおいて「通じ合う」ということが、人間世界での共通する大事な課題になるということです。

「善友あい見て」と言われる善友とは、同一念仏において、人間であることの課題・使命を共有し、この現実に責任をもつ人びととの間柄のことです。

三四、存在の尊厳をひらく喩え

（三一）　これはこれ喩《たとえ》なり。

訳文
以上が「本願のまことに生きる」喩えである。

韋提希夫人は釈尊の導きにより無生法忍を得ることになります。如来に遇い得たことが無生法忍と言われ、喜忍《きにん》（如来に遇い得た喜び）、悟忍《ごにん》（立つべきところに立つ）、信忍《しんにん》（如来を信じ、自身を信ずる）の三忍で表されています。
この二河白道の譬えは、仏陀の教化によって自身に目覚め、生き返りを得る道すじが明らかにされたものです。悩み多く、悲しみの深い人生にあって、歩みもならず、どうしようもなく立ち止まり、途方《とほう》に暮れ、沈みきっている生死の凡夫に、人生の行き詰まりが「転機《てんき》（世間道を転じて仏道が開かれる）」であることを教え、そこに出口《でぐち》を示し、現実への道を開いているのが本願の仏道であるということです。その本願に帰する「自己」が生まれるところに、自分を閉ざし縛る深い執着の心が自然に翻《ひるがえ》されていくのです。
善導は、
願わくは、この功徳《くどく》をもって、平等に一切《いっさい》に施《ほどこ》して、同じく菩提心を発して、安楽国《あんらくこく》に往生《おうじょう》せん。（『帰三宝偈』真宗聖典一四七頁）
と表明されています。「此の功徳」とは、本願に帰することによって開かれ、得られたところの功徳は、私することのできない功徳であるということです。阿弥陀仏の世界は、智慧と慈悲に満ちた世界であって、どこかに有るということではなく、生死を超え離れる「目覚めの働き」としてあるのです。この目覚めによるがゆえに「同一平等」の功徳をもって、この世を超え、この世を生きるということが始まるのです。しかし、この功徳を独り占めにすれば、辺地懈慢《へんじけまん》（個人的な心境）に止《とど》まることになります。

この「二河譬」は、はじめに「一切往生人に白さく」と敬白されているように、この世に在って生きる意義を求めるすべての人びとに、敬《うやま》いの心で説かれた譬喩です。親鸞の了解によれば、悩み多く、悲しみの深い人生にあって、どうしようもなく途方《とほう》に暮れている人びと、救いの道を求めながら迷路に入ってしまった人びと、「どうしようもない」と開き直って世間に沈み込んでいる人びとは、みな道を求める人であると受け止められ、人生に行き詰まりを感じたときが本願の仏道が開かれる「転機《てんき》」であると示しておられます。

それゆえ、親鸞は、
特《こと》に、（釈迦）如来の（行けとの）発遣《はっけん》（の声）を仰ぎ、必ず（阿弥陀如来の来れとの）最勝の直道《じきどう》に帰して、専らこの行《ぎょう》に奉《つか》え、ただこの信を崇《あが》めよ。

（『教行信証』総序　真宗聖典一四九頁）

と言われます。その仏道に生きる人びとを、「難思議《なんしぎ》往生を得る人なり、すなわち法性《ほっしょう》の常楽《じょうらく》を証《しょう》す」（『文類聚鈔』）と讃えておられます。

私たちの世界は、ことばによって成り立っています。国家、制度、文化の成り立ちもことばによります。しかし、ことば、意味というものに依る限りにおいて、真の現実からは離れているのです。その意味では、私たちの世界は作られた世界なのです。その作られた世界を私たちは、本当の世界と思い込み、優劣・是非・善悪の評価に縛られ、振りまわされているのです。そのために、「存在の尊厳」を知らない在り方になっています。同一念仏の法は、そうした理知分別による思い込みに気づかせることによって、限界を超えた仏の荘厳《しょうごん》功徳（真の現実）に目を開かせるのです。

私たちの「自身」は、南無阿弥陀仏という私することのできない如来の功徳の上に成り立っています。そのことは、私たちの存在が何物にも隷属せず、何者にも踏みにじられない尊厳《そんげん》をもつということです。それは、私たちの存在自身が浄土の荘厳功徳《しょうごんくどく》である「自在《じざい》（真の自由）」とか「無等等《むとうどう》（真の平等）」を生きているということです。

生死の現実にあって、仏法僧の三宝を伝えているのは、念仏の法において人生の意味を聞き開いていった多くの人びとです。その「一切往生人」が僧宝《そうほう》（僧伽《さんが》）と言われています。善導は『帰三宝偈』の冒頭で「先ず大衆《だいじゅ》を勧《すす》む」と言い、人間に「大会衆《だいえしゅ》（仏の説法に会う人びと）」という大衆功徳が開かれることが仏道であると示しておられます。同一念仏の功徳において「遠く通ずる」間柄を生きる人びとのことです。この「二河白道の譬え」は、人びとに「大会衆」の歴史を開き、その歴史の一員であることの目覚めが、それぞれの生活の場での自己の生き返りになると教えておられるのです。

二河白道の譬喩　本文

(真宗聖典二一九～二二〇頁。カッコの数字は筆者が記入する)

(一)また一切往生人等《おうじょうにんとう》に白《もう》さく、
今更《さら》に行者のために、
一つの譬喩《ひゆ》を説きて信心を守護して、
もって外邪異見《げじゃいけん》の難を防《ふせ》がん。
何者かこれや。
(二)譬《たと》えば、人ありて
西に向かいて行《ゆ》かんと欲《ほっ》するに
百千の里《り》ならん、
(三)忽然《こつねん》として中路《ちゅうろ》に二つの河あり。
一つにはこれ火の河、南にあり。
二つにはこれ水の河、北にあり。

二河おのおの闊《ひろ》さ百歩《ひやくぶ》、おのおの深くして底なし、
南北辺《ほとり》なし。
（四）
正《まさ》しく水火の中間《ちゆうげん》に、
一つの白道《びやくどう》あり、闊《ひろ》さ四五《しご》寸許《すんばかり》なるべし。
この道、東の岸より西の岸に至るに、
また長さ百歩、
（五）
その水の波浪《はろう》交わり過ぎて道を湿《うるお》す、
その火焔《かえん》また来《きた》りて道を焼く。
水火あい交わりて常にして休息《くそく》なけん。
（六）
この人すでに
空曠《くうこう》の迥《はるか》なる処《ところ》に至るに、
さらに人物なし。
（七）
多く群賊悪獣《ぐんぞくあくじゆう》ありて、
この人の単独なるを見て、
競《きそ》い来《きた》りて
この人を殺さんと欲《ほつ》す。

（八）死を怖《おそ》れて直ちに走りて西に向かうに、
忽然《こつねん》としてこの大河《たいが》を見て、
（九）すなわち自ら念言《ねんごん》すらく、
「この河、南北辺畔《へんぱん》を見ず、
中間に一つの白道を見る、
きわめてこれ狭少《きょうしょう》なり。
（一〇）二つの岸、あい去ること近《ちか》しといえども、
何に由《よ》ってか行くべき。
今日《きょう》定んで死せんこと疑わず。
（一一）正《まさ》しく到《いた》り回《かえ》らんと欲《ほっ》すれば、
群賊悪獣漸漸《ぐんぞくあくじゅうぜんぜん》に来り逼《せ》む。
（一二）正《まさ》しく南北に
避《さ》り走らんと欲すれば、
悪獣毒虫《あくじゅうどくちゅう》競い来りて我に向かう。
（一三）正《まさ》しく西に向かいて
道を尋《たず》ねて去《ゆ》かんと欲すれば、

また恐《おそ》らくはこの水火の二河に堕《だ》せんことを。」
（一四）時に当たりて惶怖《こうふ》すること、
また言うべからず。
（一五）すなわち自ら思念すらく、
「我今回《かえ》らばまた死せん、
住《とど》まらばまた死せん、
去《ゆ》かばまた死せん。
（一六）一種として死を勉《まぬか》れざれば、
我寧《やす》くこの道を尋《たず》ねて
前《さき》に向こうて去《ゆ》かん。
（一七）すでにこの道あり。
必ず度すべし」と。
（一八）この念を作《な》す時、
東の岸にたちまちに人の勧《すす》むる声を聞く。
（一九）「仁者《きみ》ただ決定《けつじょう》してこの道を尋《たず》ねて行け、
必ず死の難なけん。

（二〇）もし、住《とど》まらばすなわち死せん」と。
（二一）また西の岸の上に人ありて喚《よぼ》うて言わく、
「汝《なんじ》一心に正念《しょうねん》にして
直ちに来《きた》れ、
（二二）我よく汝《なんじ》を護《まも》らん。
（二三）すべて水火の難に
堕《だ》せんことを畏《おそ》れざれ」と。
（二四）この人すでに此《ここ》に遣《つか》わし彼《かしこ》に喚《よば》うを聞きて、
すなわち自ら正《まさ》しく身心に当たりて、
決定《けつじょう》して道を尋《たず》ねて直ちに進みて、
疑怯退心《ぎこうたいしん》を生ぜずして、
（二五）あるいは行くこと一分二《いちぶんに》分《ぶん》するに、
東の岸の群賊等《ぐんぞくら》喚《よぼ》うて言わく、
（二六）「仁者《きみ》回《かえ》り来《きた》れ。
この道嶮悪《けんあく》なり。
過ぐることを得じ。

必ず死せんこと疑わず。
我等《われら》すべて悪心あってあい向かうことなし」と。
（二七）この人、喚《よば》う声を
聞くといえども
また回顧《かえりみ》ず。
（二八）一心に直ちに進みて
道を念じて行けば、
（二九）須臾《しゅゆ》にすなわち西の岸に到《いた》りて
永く諸難を離《はな》る。
（三〇）善友あい見て
慶楽《きょうらく》すること
已《や》むことなからんがごとし。
（三一）これはこれ喩《たとえ》なり。

備考

・引用文は、『真宗聖典』（東本願寺出版部）と『真宗聖教全書』一・三経七祖部（大八木興文堂）を使用。
・参考文献は、『平野修選集』（文栄堂書店）を使用。
・善導大師の略伝は、『浄土の真宗』（東本願寺出版部）を参照。
・挿絵の善導大師は、中国、陝西省西安の香積寺の拓本を描画。

あとがき

書名を「ふしぎの河」としたのは、私たちの存在を仏法の不思議をもって明らかにされた善導大師の「二河白道の譬喩」への敬いの意を表したものです。親鸞聖人は「オシエ（教）ナリ」「サトス（諭）ナリ」と讃えておられます。

現代という時代は人間そのものが課題となっている時代と言われます。しかし、その課題への切り口がはっきりしているとは言えないようです。真宗の七高僧は、それぞれの時代において、人間そのものを課題とすることに向き合っておられます。「二河譬」を通して、善導大師・親鸞聖人のお心に少しでも触れることが出来ればと思ったことです。

私ごとですが、住職になって四十六年になります。この間、ご門徒の皆さん方、聞法の友人によって支えられ、励まされて今日に至っております。そろそろ住職を引退する時が来ていますので、拙文で未熟な小冊子ですが、両親をはじめお浄土のご門徒の方々へのご報告ということで発表させていただきました。皆さん方のご指導、ご批判をいただきながら、共に聞法の歩みを続けたいと思います。
あと三年で五十回忌を迎える父（公淳）から、「おじいさんのようになれ」とよく言われました。祖父（諦亮）は私の産まれるまでに亡くなっていますので、知る由もないのですが、軸装された書がご門徒の家にあって、それが返ってきました。その文によると、
悪道何憂三毒川　迎来今致大悲船　光明遍照十方界　念仏衆生摂不捐
（悪道、何ぞ憂《うれ》えん三毒の川、迎来《こうらい》の今、致《いた》る大悲の船、光明遍《あまね》く十方界を照らし、念仏の衆生を摂《せっ》して捐《す》てず。）
とあります。何か、お祖父さんに出会えたぬくもりを感じています。
思えば大学の学生時代も終わりの頃、考え方、生き方の方向転換を教えて下さったのは、今は大谷大学の名誉教授の鍵主良敬先生です。このたび「序文」を頂き深く感謝いたしております。卒業後は同じ山陽教区の藤元正樹師より学習会でご指導を受けました。教団問題で宗門が揺れる中、教団のいのちは教法を学び、教法を生きる人が育つことだ、とよく言われていましたが、いまだに怠け心が勝ち十分に応えられていません。書物を通しては、一度姫路でお会いしただけですが、平野修先生に深く教えられています。
このたびの小冊子の出版は、方丈堂出版社長の光本稔氏のご好意によるものです。厚くお礼申し上げます。同編集長の上別府茂氏、取り計らって下さった報音舎の駒原教博氏に

も厚くお礼申し上げます。

二〇一五年五月

西川正澄

西川正澄（にしかわ　まさずみ）
1938（昭和13）年11月姫路市生まれ。
1961（昭和36）年大谷大学文学部（真宗学科）卒業。
真宗大谷派（山陽教区）松林寺住職。

ふしぎの河《かわ》
――二河白道《にがびゃくどう》の譬喩《ひゆ》――

二〇一五年六月二〇日　初版第一刷発行

著　者　西川正澄
制作　発行　株式会社　方丈堂出版
京都市伏見区日野不動講町三八―二五
郵便番号　六〇一―一四二二
電話　〇七五―五七二―七五〇八
発　売　株式会社　オクターブ
京都市左京区一乗寺松原町三一―二
郵便番号　六〇六―八一五六
電話　〇七五―七〇八―七一六八
印刷・製本　亜細亜印刷株式会社

Printed in Japan

ISBN978-4-89231-131-4